Ⓢ新潮新書

みうらじゅん
MIURA Jun

マイ仏教

新潮社

まえがき

人生で大切なことはすべて仏教が教えてくれた

あれは小学六年生のときのことでした。

私は門前のみやげ物屋で親に買ってもらった仏像を床に落としてしまいました。大切にしていた薄焼きの瀬戸物だった仏像は、粉々に砕け散りました……。

バラバラの欠片《かけら》となった「仏像だったもの」を見た瞬間、私の頭にひとつの言葉が浮かびました。

諸行無常――。

仏の形を模し、その教えの詰まった仏像とて粉々になる。

小学生のときにその破片を拾いながらそんなことを思いました。

子どものときの私の夢は、少し変わっていて、お坊さんになること。そして自分のお寺である「マイ寺院」を持ち、毎日、大好きな仏像を拝むことでした。

むろんその夢は、大人になった今でも実現していません。今の私は一体、何者なんでしょう？　イラスト以外にもエッセイや小説も書いていますし、テレビに出ることもありますが、世間一般には「本職がよくわからない」というのが、大方のイメージではないでしょうか。私自身は「一人電通」と称して、マイブームの赴くままにいろいろなことをしている人生であります。

はたして私のような人間が仏教を語っていいのか。

それはとても不遜なことではないか。

こうして一冊にまとめた後でも、そうした疑問は頭の中にあります。

ただし、「マイブーム」と称してこれまでも様々なモノにあれこれと夢中になってきた私ですが、子どもの頃から一貫してブームであり続けているものが、仏教なのです。

詳しくは本書に書きましたが、子どもの頃に親しんだ仏像、そこから学んだ仏教の教えというものが、常に私の考え方の基本となりました。
人生で大切なことはすべて仏教が教えてくれた、と言っても過言ではありません。

将来の夢は住職

少年時代に仏像と出会ったことがそう思うきっかけでした。当時、夢中になって地元の京都や奈良の仏像を見て回り、将来は自分も「お寺を持ちたい、仏像を持ちたい」と願うようになりました。今や当たり前のように「仏像ブーム」という言葉が使われますが、数十年早い「仏像ブーム」到来でした。

そんな少年時代の夢をこじらせて、中学と高校は、京都にある浄土宗系の学校に入学しました。いわば、お坊さんへのエリートコースを進もうと思っていたのですが、そこでロックやアートと出会うことで、将来の夢は微妙に軌道修正されていきました。

しかし大人になってから、封印していたはずの仏像ブームが再びやってきました。親友のいとうせいこうさんと全国各地の仏像を見て回り、それを『見仏記』（中央公論社。

後に角川文庫）という本にまとめました。いとうさんとはお互いに「仏友」と称して、今でもあちこちお寺に出向いては「見仏」を続けています。

二〇〇七年には『アウトドア般若心経《はんにゃしんぎょう》』（幻冬舎）という本も出版しました。これは、家を出て（アウトドア、出家）、般若心経に出てくる二百七十八文字（タイトル含む）を、全国各地の看板や標識から探して一文字ずつ撮影する、という新しい意味での「写経」をした本です。

般若心経に出てくる言葉を探して、全国を歩く。たった一文字を撮影するために、苦手な飛行機に乗って、遠くまで出向いたこともあります。一文字撮影して、また東京にトンボ返り。

俺は一体、何をやっているんだろう――。

そう思ったのも、一度や二度ではありません。結局出版まで五年以上かかり、辛い修行の日々でした。

幸いなことに、「よくがんばったね」「面白かった。感動した」と言ってくれた方も少なからずいらっしゃいました。

ま、当然のことながら、「あんなもん写経やない」「邪道」などと、ごもっともなお叱りを受けたこともありました。

小さい頃から好きで、登下校時にずっと口ずさんでいた般若心経。私なりにその二百七十八文字と向き合い、何とかそこにある考えや思想を学ぼうと、全国各地にその文字を探すという、数年がかりの「修行」だったのですが、やはり、まじめに修行されているお坊さんからしたら、「あいつのやっていることは邪道だ」ということになってしまうのでしょう。

怒られたのはこのときばかりではありません。

『見仏記』でも、「京都の三十三間堂の千体仏は『ウィ・アー・ザ・ワールド』状態」「この千手観音像は『伝来ミス』だね」「四天王に踏まれる邪鬼はM男」「法隆寺の百済観音像は、ボディコン・ギャルのルーツ」など、思いつくままに言っていたら、あちこちのお寺さんから「仏像を何だと思っているのか！」とお叱りを受けました。

以来、仏教についてあまり勝手なことを言うと怒られる、と怖くなったというのが正直なところであります。

タイム・ハズ・チェンジ

けれど、時代が変わったのでしょうか。

最近になって、こんな私の仏像や仏教の見方を、あながち間違いではない、面白いと評価してくれる、お坊さんやお寺さんも出てきたのです。

延べ百万人以上のファンを集めた、奈良・興福寺の阿修羅展が、二〇〇九年に東京国立博物館と九州国立博物館で開かれたのは、みなさまのご記憶にも新しいところだと思います。

その阿修羅像のファンクラブ会長に、この私が任命されました。

阿修羅ファンクラブには五つの会則があります。

一、阿修羅を深く愛すべし
一、阿修羅を1300年護り続ける興福寺を篤く敬うべし
一、特製会員証を常に携帯すべし
一、会員を見つけたら声をかけ、阿修羅を語るべし
一、会員の輪を広げるよう努めるべし

この五つの会則をきちんと守ることができたかどうかは、甚だ心許ないですが、小さい頃から好きだった阿修羅像のファンクラブ会長に任命されたことは、大変光栄で嬉しいことでした。

さらに、阿修羅ファンクラブの公式テーマソング「愛の偶像（ラブ・アイドル）」を、アルフィーの高見沢俊彦さんと作りました。

歌詞のさわりだけ紹介します。

「偶然と必然の出会いと別れ　くり返す　川の流れ　諸行無常　Ｏｈ、阿修羅　Ｏｈ、

阿修羅」と、阿修羅様をはじめ仏様への愛を綴《つづ》った詞であります。

また、お寺さんや宗門の大学で「仏像や仏教について語ってください」とご依頼をいただくことも増えました。「いえいえ、私なんかとんでもないことです」と断ろうとしたこともありましたが、「みうらさんなりの仏教論で構いません。何も難しい教義の話をしてほしいということではありませんから。若いお坊さんに、新鮮な仏教論をお話ください」と言われ、ありがたくお引き受けさせていただきました。

今まで好き勝手言って怒られていたのと比べて、それは嬉しいことでしたが、そう思う反面、「『仏壇（仏教界）』も人材不足なのではないだろうか」と失礼ながら思うこともありました。

時代が変わった、と申し上げましたが、それは良いことばかりではないようです。

今、日本の仏教が危機的な状況にあるということが、私のような者の耳にも入ってきます。少子高齢化によって檀家が減少し、地方のお寺が疲弊しているとか、長く日本の仏教を支えていた「葬式仏教」にもかげりが見えて、葬儀における仏教離れが進んでいるとか、あまり良い話は聞こえてきません。

私のような人間がはたして仏教を語っていいのか――。

冒頭でそう述べましたが、今でもそのような疑問を払拭することはできません。けれど、自分なりの言わば「マイ仏教」をお話することで、今までとは違ったアングルで、仏教に興味を持つ人もいるかもしれない、それで少しでも裾野が広がれば本望であると、思うようになりました。

どの世界でも、好きになる「入り口」はどのようなものであっても構わないと思います。仏教に恩返し、なんていうと、またも叱られてしまいそうですが、古くからの「仏教ファンクラブ」の一人として、その魅力や楽しみ方、仏教から学ぶ生き方について私なりにお話をしていきたいと思います。

マイ仏教

目次

第二章　青春という名の「荒行」

第四章　地獄ブームと後ろメタファー

第一章　仏像少年

きっかけは怪獣だった

私の「仏像ブーム」が始まったのは、小学四年生のときでした。

その下地となったのが、小学校低学年時代の「怪獣ブーム」でした。五歳のとき、「三大怪獣　地球最大の決戦」を映画館で観て以来、怪獣に夢中になりました。ちなみにこの三大怪獣というのは、ゴジラとラドンとモスラ、そして新怪獣キングギドラが初登場した映画です。

それからというもの、親に頼んで次々に上映される怪獣映画を観に連れて行ってもらい、またちょうど世代的にも「ウルトラシリーズ」の第一作にあたる「ウルトラQ」の放送に直撃された世代ですから、多くの同世代の少年と同様、「特撮モノ」に登場する怪獣にはまっていったのです。

怪獣はもとより、ウルトラシリーズを製作していた円谷《つぶらや》英二になりたいとさえ思っていました。公園で友だちと怪獣ごっこをしているときも、みんなが「ギャオーッ！」と怪獣を真似て遊んでいるのを、僕はひとりジャングルジムの上から眺めながら、「そこ、違う！　カメラの位置を意識して！」と、円谷英二になったつもりで指示を出していました。

小学二年生のときに観た、「フランケンシュタイン対地底怪獣バラゴン」に衝撃を受け、とうとういろいろな怪獣の写真を集めて「怪獣スクラップ」を作成するまでになりました。私は、五十歳を過ぎた今でも「スクラップ」を作り続けていますが、「スクラッパー」としての道を歩むことになったのも、このときの「怪獣スクラップ」がきっかけです。

このような下地があった上で、仏像と出会ったのです。母方の祖父に連れられて、京都・東寺、講堂の仏像群を見て衝撃を受けました。そのときスクラップに書き込んだ感想は「怪獣みたいでかっこいい」。つまり、仏像を怪獣の延長として受け取り、両者に共通する異形の佇まいにグッときたのです。

「仏像ブーム」の大恩人

私を仏像の世界へと誘ったこの祖父は、昔小学校の校長先生をしていました。すでにそのときはリタイアして悠々自適の生活、趣味の世界に没頭していました。拓本マニアとして、地元ではなかなかの有名人らしく、たびたびお寺や旧跡を訪れては、そこで拓本をとっていました。拓本を簡単に説明すると、まず石碑に霧吹きで水をかけて、そこに画仙紙をかぶせる。その上から墨を塗り石碑の文字をトレースしていきます。

祖父は、趣味が高じて拓本の本も出版しています。何年か前までその本は、近鉄奈良駅の上にある「奈良歴史教室」(二〇一一年三月閉館)の売店で売られていました。その筋では多少名が知られていたのでしょう。

祖父の家は、私の実家から少し離れた場所にあり、そこへ私は毎週土曜日に習字を習いに通っていました。祖父は部屋の隅に、自分のペンネームを彫った表札を掲げ、その部屋を勝手に「葦穂庵」と名づけていました。そこには拓本や寺社仏閣、仏像の写真集が書棚にズラーッと並んでいました。年金をすべて趣味につぎこんでしまうような人で、その姿に少年時代の私は憧れていました。

それからは祖父と行動を共にする機会が増え、自然とお寺にも頻繁に足を運ぶようになりました。

祖父の家にある仏像の写真集を貪《むさぼ》るように読み、少しずつ仏像の世界にはまっていきました。何より憧れの祖父と、仏像について対等に話ができるようになるのが楽しかったのです。祖父も、孫が仏像の世界にはまっていくのを嬉しく思っていたのでしょう。

そんな私の様子を、父と母も好ましく見ていました。「怪獣少年」だったのが、突然「仏像少年」になったのですから、息子がより高尚な趣味を持って良かったと安心したに違いありません。父からは誕生日やクリスマスに、土門拳や入江泰吉撮影の高価な仏像の写真集をプレゼントしてもらいました。それからというもの、記念日に仏像の写真集をプレゼントするのが、我が家ではしばらく恒例になりました。

プレゼントされたその土門拳の写真集に、東大寺戒壇院にある広目天の胸の甲冑《かっちゅう》だけを写した写真がありました。それにグッときたのを今でも覚えています。

五歳のときに観た「三大怪獣　地球最大の決戦」のオープニングは、キングギドラのうろこのアップで、それを背景に、キャストやスタッフのクレジットが流れるというもの。それと同じような構図が、土門拳の広目天の写真にもあったのです。思わず「怪獣映画と一緒だ！」と嬉しくなりました。

仏さんのコンサートとサイン会

それからは、日曜日になると、一人でもお寺に足を運ぶようになりました。当然、仏像を見るのが一番の目的です。今考えると、好きなバンドのコンサートを観に行くような気持ちだったのでしょう。

そのときにご朱印をいただくのも祖父に教えてもらいました。ご朱印というのは、寺社仏閣に参拝した証として、いくらかのお金をご志納すればいただけるものです。それ以来、「お寺のスタンプラリー」をするような気持ちで、お寺に行くと必ずいただくようになりました。

ただ、同じお寺にリピートしたときも、再度ご朱印をもらうべきなのかどうか、小学生の僕には悩みどころでした。少額とはいえ有料ですから、その出費もバカになりません。また、大きなお寺にはお堂や塔頭《たっちゅう》寺院（註　大寺に所属する別坊のこと）がいくつかあり、ご朱印の種類も複数あります。それを全ていただくべきか、それとも一つのお寺には一つのご朱印でいいのか、そんなことに真剣に悩んだ覚えがあります。結局、「仏教ファン」としては、「お寺のサイン」をいただかないようではいけないと、できるだけコンプリートするよう努めました。今で

東大寺戒壇院の広目天像
（写真提供＝飛鳥園）

も寺に行ったときは、ご朱印をもらうようにしていますから、朱印帳の数もかなりのものになります。

また昔は、今のようにお寺のセキュリティが厳しくなく、東大寺の戒壇院のような超有名寺院でも、須弥壇《しゅみだん》まで平気で上がることができました。間近も間近、四天王像と対峙して拝観していました。

同じ東大寺の法華堂では、畳の上に寝転がりながら、不空羂索観音《ふくうけんじゃくかんのん》を見上げるのが好きでした。その下から見上げる感じが、怪獣を見上げる感じと似た構図で、グッときたのです。寝転がって見上げているうちに眠ってしまい、様子を見に来たお坊さんに「こんな所で、熟睡しちゃっているよ」と起こされたこともありました。

おおらかな時代だったのですね。今はお堂の内部で写真を撮ることもほとんど禁じられていますが、当時は土門拳になった気分でシャッターを押して撮影していました。その写真を怪獣のときと同じようにスクラップし、ついに「仏像スクラップ」の制作を始めたのです。

仏像スクラップ

このときの「仏像スクラップ」は結局、全七巻まで作りました。七巻のラインナップは、

「仏像たちの神秘1　円空展編」
「仏像たちの神秘2　門外不出編」
「仏像たちの神秘3　出羽三山ミイラ展編」
「仏像たちの神秘4　寺院随筆展編」
「仏像たちの神秘5　現代史門外不出公害告白編」
「仏像たちの神秘6　横町の伝説編」
「仏像たちの神秘7　発掘出土編」

というものです。今考えると、第一巻が江戸時代の孤高の仏師・円空で、第三巻が「出羽三山のミイラ」という、かなりシブいラインナップであります。第五巻の「現代

仏像少年による、渾身の「仏像スクラップ」

史門外不出公害告白編」にいたっては、今でも意味がわかりません。

円空については、「円空の仏にはなにかピンとくるものがある。（中略）円空は何を願って仏を作ったのか……だれも知らない。円空の心は何！」と熱いコメントを寄せていました。

「出羽三山ミイラ展編」というのは、藤井大丸というデパートで行われていた催事のことです。当時は「即身仏」の意味が全く分からず、仏像の一種だろうと軽い気持ちで足を運んだのですが、大きな間違いでした。それは、山形県の湯殿山《ゆどのさん》で修行していた真如海《しんにょかい》上人と

仏像の写真とともに、自作の俳句も数句書き記されている

いう方が、生きながらにして成仏された姿。小学生の僕には、かりんとうのようにカラカラに干からびた像はショックでした。

どうしてそのようなことをされたのか？

僕には深過ぎて全く理解できませんでした。でも、それが単なる仏像ファンとは異なる仏教の精神世界に初めて触れたきっかけになったような気がします。美術品として、ではなく、もっと先にあるもの。信仰の対象としての〝仏〟という存在でした。だから怖かったのでしょう。

西大寺の邪鬼像（写真提供＝永野鹿鳴荘）

いつだって邪鬼目線

スクラップには邪鬼についても熱く書き込んでいました。『邪鬼の性』（水尾比呂志・井上博道著、淡交新社、一九六七年）という邪鬼の写真だけを集めた本を買ってもらったからです。

邪鬼というのは、〝仏法を犯す邪神として、仏法を護る四天王に踏まれて懲らしめられている〟もの。

スクラップには、「戒壇院は四天王もすごいが踏みつけられている邪鬼もすごい。僕も結局、邪鬼なんだ。とても同情したくなる」とあります。

当時から、四天王像を見るときは、下からのアングルで、「すいません、すいません」と邪鬼目線で四天王を見上げるようにしていました。それは今も変わりません。

四天王像が安置してあるお堂に入った時、ボクはメインの四天王より、真っ先に目がいくものがある。それは四天王に踏み付けられ、歪んだ顔でポーズを決めている邪鬼だ。

〝いい踏まれっぷり！〟

肩、顔面、頭部、腹部、踏まれどころは各像によって異なるが、

「よっ！お見事!!」

と、声をかけたくなるほど、精一杯がんばってる姿を見ると、うれしくなる。

(中略) ボクが邪鬼に魅せられてしまうのは、ボク自身の姿であるからだ。

(『お堂で逢いましょう　みうらじゅんの仏画集 上』より)

日本に仏像が伝わった当初、その頃の邪鬼は、ほとんど形状はシンメトリーで静的で

す。それが天平時代に入り、「ちょっとアクションを入れていこう」と、徐々に邪鬼にも動きが出てきます。踏んでいる四天王よりも、踏まれている邪鬼の方が、人間的な動作を加えてくるのです。それはメインの仏像ではできなかったことを、仏師が試みたに違いありません。

奈良の西大寺は、過去何度も火災に見舞われ、四天王像をはじめ創建当初の仏像はほとんど残っていないのですが、その中で唯一、邪鬼だけが生き残るという、大変しぶとい一面もみせています。煩悩というものだけは、何度踏みつけられてもしぶとく生き延びるということなのでしょうか。

地方仏ブーム

私の中で仏像ブームがピークに達してくると、有名な仏像だけでは飽き足らなくなり、そんな時に丸山尚一さんの『生きている仏像たち　日本彫刻風土論』（読売選書、一九七〇年）という、地方仏について書かれた本に出会いました。

それまで奈良や京都といった中央のメジャーな仏像しか知らなかったので、それは衝撃的でした。地方仏には、今まで見たことのなかったアバンギャルドな姿形をした仏像が多数あり、仏像も時代や地域によって大きく姿を変えるものだということに気づきました。

飛鳥や天平時代につくられた京都や奈良の仏像は、堂々たる偉容を誇るものが多くあります。

それが鎌倉期に入って康慶から運慶・快慶の時代になると、仏像もずいぶん劇画調に進化します。力強くてダイナミック、人間味のある仏像が増えてきます。東大寺の金剛力士像に代表されるように、たくましくてマッチョ、額や腕には血管が浮きあがるなど写実的な表現です。

ところが地方仏になると、明らかに中央の仏像の儀軌から外れたものが多くあることに気づきます。

例えば、東北地方の千手観音像。この「千手」の付け根部分が中央の仏像と微妙に違います。背中にランドセルのような木箱があって、そこから笛のような「千手」がたくさん出ていました。たぶん、正面だけの図版を見て制作されたのでしょう。後ろの部分がどうなっているのかわからず、オリジナル解釈が生まれたものと思われます。他にも極端に頭部が小さくて、パースの狂っている阿弥陀仏や、後頭部が絶壁で、横顔がやたらと薄い薬師像なども写真で見ました。

また、東北には秘仏信仰もまだたくさん残っています。大人になって、そのような秘仏のある寺を訪ねて、「なんとか見せていただけないでしょうか」とフェノロサ気分でお願いしたら、お堂を守る村の人も、「私も一回ぐらい見ておきたいから」と、一度も開けたことのない厨子《ずし》の扉を、ありがたいことに開けていただいたことがありました。

出てきた仏像は包帯のようなものでグルグル巻きにされていて、それを一緒になって解いてみたのですが、お出ましになったのは、かなりプリミティブな仏さんでした。村の方は「開けなきゃよかったね」などとおっしゃり、和やかな雰囲気のまま御礼を言って辞去しました。

もちろんこのような土着の信仰が、その仏像の出来の良し悪しに左右されるわけではありません。

密教のデザイン

聖観音像のように穏やかで慈悲溢れる仏像もあり、異形の荒々しい仏像もある。後者は多分に密教的であり、この世から隠されているものが、荒ぶり顕現してくる感じが表現されているのでしょう。

密教は仏像にデザインが入っているんですね。「カッコいい」ということです。

特に密教法具は最たるもので、煩悩や執着を断ち切るための道具としてあるだけではなく、デザイン的にもサイバーでカッコいいものとして、僕には見えました。

北野天満宮のお祭りのとき、古道具屋の屋台で売っていた独鈷《どっこ》（註　代表的な密教法具）を見つけ、僕は親にねだりました。時代的にも大して古いものではなかったので、千円ぐらいでしたかね。買ってもらいました。嬉しくて嬉しくて、それからというもの、寝るときもずっと独鈷を握っていました。

小学校にも持っていって、「弘法大師のマネ」とクラスメイトに披露もしましたが、ドン引きされました。

みうら少年、因果応報を知る

仏像好きが高じて、最終的にはお寺の瓦が欲しくて堪らなくなりました。

小学五年生のときだったと思いますが、西寺の発掘が行われ、京都では大きなニュースになっていました。西寺というのは、今も残る東寺と対になるように建てられたお寺で、東寺とともに平安京のシンボルとなっていた大きなお寺です。しかし火災に見舞われるなどして、その跡が残るのみでした。現在のＪＲ西大路駅から歩いて十分近くにあるその跡で、初めて大規模な伽藍《がらん》の発掘作業が行われていたのです。

その最中に祖父から電話があり、「じゅんちゃん、発掘があるぞ。行こうよ」と誘われました。当日、祖父は私に会うなり「これを付けなさい」と、お手製の腕章を渡しました。

現場に着くと、すでに発掘はかなり進んでいて、西寺の遺跡がむき出しになっていました。周囲には当然、「関係者以外立ち入り禁止」のロープが張られていたのですが、祖父はそんなものを気にすることなく、「どうも、どうも」とか言いながらズカズカと入って行き、私もそれに続きました。そして、そこにあった一番形の良い瓦を二枚平然と持ち帰り、一枚を僕にくれました。もちろんこれは「してはいけないこと」です。

以来、瓦の世界に魅せられ、天平時代のものや平安時代のものなどが載っている『瓦の美』という写真集を買ってもらいました。よくお寺に行くと、裏手の方に割れて落ちている瓦があるでしょ。それを持って帰ってくるのが、当時のマイブームとなったのです。

ある日のこと。身内の葬式があり、大人たちは準備で忙しく、子どもたちは「外で遊んできなさい」と家を追いだされました。「瓦ブーム」の只中にいた私は、近所にあるお寺に瓦を見つけに行くことにしました。「いい瓦がないか」と探していたところ、寺の裏手の屋根の上に、割れた瓦が集められているのを見つけました。手の届かないところにあり、適当な長さの棒を見つけて持ってきて、突いて落とそうとしていたそのとき――、落ちた瓦のひとつが頭に激突しました。「痛い！」と思って頭を触ったら、潮を吹いたように血がドバーッと流れ出していたのです。

そのお寺は、京都でも有数の桜の名所であり、まさにそのときは桜のシーズンにあたり、境内には花見の客が沢山いました。桜の木の下で楽しそうに弁当を食べている人々の前を、僕は血だらけになって走って帰りました。

親戚の家に戻ると、ちょうどお葬式の真っ最中で、お坊さんがお経をあげていました。そこに駆け込んだ私は血だらけのまま倒れこみ、すぐに救急車で運ばれました。頭を二針縫うほどの重傷でした。

後日大人たちには、バチがあたったとこっぴどく叱られ、それからは一切そのようなことをしなくなりました。

これこそお釈迦さんの説いた「因果応報」だと、少年時代にそのことを体で知ることになったのです。

ウルトラマンと弥勒菩薩

釈迦入滅の五十六億七千万年後に衆生を救いにやってくるという弥勒《みろく》菩薩。それも五劫《ごこう》という気が遠くなるような時間をかけてやってくる。ウルトラマンも、M78星雲という地球から三百万光年離れた「光の国」から人々を救うためにやって来ます。この設定が似ていることに気付いた私は、友だちに「ウルトラマンは弥勒菩薩なんだ！」と一生懸命力説しました。

お釈迦さんの入滅から数百年後にあらわれた大乗仏教には、神話的な要素や設定がたくさんあり、お釈迦さん以外にも、いろいろな仏さんが登場し始めます。弥勒菩薩、阿弥陀仏、多宝仏、阿閦《あしゅく》仏、大日如来……、まさに蓮華《れんげ》蔵《ぞう》世界の華やかなりし一大ムーブメントです。

ウルトラマンの世界でも、後にセブンやタロウ、ゾフィーなどの兄弟が、実はウルトラの星にいるということが判明して、シリーズ化されていきます。

超人性ということで言えば、仏さんもウルトラマンに負けていません。

例えば阿弥陀仏は、人間界から十万億仏土離れたところにいて、その大きさは、六十万億那由他《なゆた》恒河《ごうが》沙由旬《しゃゆじゅん》あるとされています。那由他は十の六十乗、恒河沙は十の五十二乗、由旬は約七キロメートルですから、桁外れの大きさです。

さらにお釈迦さんにも、「三十二相」と呼ばれる超人的な特徴があったという伝承が残っています。衆生を救うために水かきがついている（「手足指縵網相《しゅそくしまんもうそう》」）とか、眼が青い（「真青眼相《しんしょうげんそう》」）とか、皮膚が金色だ（「金色相《こんじきそう》」）とか、陰部が体内に入り込んでいる（「陰蔵相《おんぞうそう》」）とか、歯が四十本ある（「四十歯相《しじゅうしそう》」）などです。

また、ウルトラマンタロウ以降に登場した、「ウルトラサイン」という特殊文字があります。このサインを夜空に出すと、他のウルトラ兄弟を呼び出すことができるのですが、これは仏教でいう梵字からヒントを得て作られたとしか思えないほど、字形が酷似しています。

こうした設定の類似、そして何より、お釈迦さんもウルトラマンも、自らの身を犠牲にして衆生を救おうとしているその姿に感動しました。

私にとって仏像は、このようにヒーローでありアイドルなのです。お釈迦さんは偶像崇拝を禁止しました。しかしお亡くなりになってから、数百年が経ち、どういうきっかけか、仏像が「解禁」され出現し始めました。その根底にあるのは、やはり形あるものにすがりたい、目に見えるものを崇拝したいという、人間の欲求があるのだと思っています。

仏縁の活字デビュー

小学生の頃、奈良の薬師寺の住職だった、高田好胤さんが人気を集めていました。修学旅行生相手の法話が「わかりやすい。面白い」と話題になり、テレビにもよく出ていました。その人気から「マスコミ坊主」と呼ばれていたほどです。ルックスもとても柔和で親しみやすいイメージが人気を後押ししたのでしょう。

そんな高田好胤さんが、私の憧れの住職だったことは言うまでもありません。「イケてる住職」＝「イケ住」ですね。

その好胤さんのベストセラー本『心　いかに生きたらいいか』（徳間書店、一九六九年）を私も読んで感動し、はさみ込まれていたアンケートはがきに感想を書いて送りました。

住職は、翌年『道　本当の幸福とは何であるか』という続編を出版、その新聞広告に、以前私が送った感想が引用されていたのです。

三浦純（京都・12歳）
この本を読みたいへん頭がよくなりました。親類の子に「ママ・パパはよせよ」と話すと、ぼくのせっきょうがよかったのか、この本がよかったのか知りませんが、ちゃんと「お母さん・お父さん」と言うようになりました。

何とこれが私の「活字デビュー」です。

近所のおばさんが「じゅんちゃんが載っている」と新聞に掲載されているのを見つけてくれて、一時期私は近所で有名になりました。

住職になりたい！

仏像少年の最大の悩みは、自分の家がお寺ではないことでした。

お寺の息子として生まれなかった自分は、何て不幸なんだとさえ思っていました。

お寺の息子ではなくても、住職になれる方法はないか——。

その方法を探るにあたって参考になったのが、先ほども触れた地方仏について書かれた本でした。そこには地方のお寺の状況が厳しいということも書かれていました。檀家さんが減って、住職不在の無住のお寺が増えていると、地方のお寺の苦境を伝えていました。ならば、そこに住職として入り込むスキがあるのではないかと不謹慎なことを考えていたのです。

大人になった今でも、地方のお寺に行くと、その規模や外観を見て、このお寺の経営は大丈夫かと要らぬ心配をしてしまいます。お坊さん向けの専門誌である「月刊住職」（一九九八年廃刊）を定期購読していたのも、お寺の経営のノウハウを学ぼうと思っていたためです。

自分の家が寺ではなくても、仏教系の学校に通い宗門の大学を出て得度すれば、地方のお寺の住職になれるかもしれない――。

そのための第一歩として、中学は仏教系の学校に行こうと決めました。

しかしいざ受験するも、筆記試験はボロボロ。学校の成績が良くなかったこともあり、このままでは落ちてしまうと絶望的な気持ちになりました。

ところがその学校は面接があり、それに救われました。面接官の校長先生は当然お坊さんで、お寺の住職でもありました。私はここで筆記試験の失敗を挽回しようと、ここぞとばかりにこれまで培った「仏像トーク」を炸裂させました。

それを聞いた校長先生は、ついに「君のような人を待っていた！」とおっしゃい、合格することができました。
こうして私は、夢だった住職への道を一歩踏み出すことになったのです。

第二章　青春という名の「荒行」

クラスメイトの荒行

私が入学した仏教中学は、紅葉の名所としても有名な永観堂近くにある、中高一貫の男子校です。結局私は、この仏教系の学校に六年間通うことになります。

小学校では、仏像の話ばかりする私と友達の間に微妙な距離が生じましたが、仏教系の学校に通えば、そのようなことはないだろうと思っていました。何しろお寺の子弟も多く集まる「お坊さん養成学校」だからです。

ちなみに私は、キリスト教系の学校を「ミッション系」と呼ぶのにならって、仏教系の学校を「シャクソン（釈尊）系」と呼んでいました。

学園では「あの仏像が凄い。やっぱり天平仏はグッとくる」といった話題でクラスのみんなが持ち切りのはずだと信じていました。それなりの見仏修行を積んできた自分も、仏像の話は同年代の誰にも負けないはず、そう勢い込んで入学したのですが、そんな期待も早々に崩れていきます。

想像していた通り、同級生の三分の一くらいは、お寺の息子さんでした。

しかし彼らはその時期、仏像にも仏教にも興味がなく、頭の中は、いかに〝ツッパるか〟でいっぱいのようでした。それもそのはず、将来はお坊さんになって、自分のところのお寺を継ぐことが決まっている人ばかりです。暴れるなら今のうちとばかりに、高校を卒業するまでの六年間、それはそれは厳しい「〝ヤンキー道〟という修行」に明け暮れておられたのです。

かつてこの荒行をされていた同級生の中には、今は立派に有名寺院の住職をされている方もおられます。

彼らのエネルギーもあって、学園は大変荒れていました。同じ京都を舞台にした、井筒和幸監督の映画「パッチギ！」の二年後の時代でありました。

当時の不良の髪型は、まだリーゼントではなくパンチパーマでした。荒行をする彼らと、彼らが逃れたかったはずのお釈迦さんが不覚にも同じ髪型であるというのは、何とも皮肉な話です。彼らがどんなにツッパっていても、それはお釈迦さんの手の平の上でのことだったわけです。

愛しの法然上人

この学校は、鎌倉仏教の大スターである法然上人を宗祖とする、浄土宗系の学校でした。

法然上人が入滅した二十五日は毎月「聖日」と呼ばれ、全校生徒が講堂に集められ、儀式が行われます。このときの様子は、映画化もされた『色即ぜねれいしょん』（光文社文庫）という自伝的小説にも書きましたが、少しここでもその様子を再現してみたいと思います。

まずは「パーリ三帰依文」をオルガンの伴奏に合わせて斉唱します。

ブッダン・サラナン・ガッチャーミ
（私は仏陀に帰依いたします）
ダンマン・サラナン・ガッチャーミ
（私は法［真理］に帰依いたします）
サンガン・サラナン・ガッチャーミ
（私は僧［聖者の僧団］に帰依いたします）

「パーリ三帰依文」では、「仏・法・僧」三宝への帰依を誓います。仏教徒である証であり、お経をよむときに必ず唱えられるものです。

普段は「荒行」に忙しいヤンキーのみなさまも、このときばかりは声を張り上げて、この仏教のヒット・チューンを唱えます。そして、

「ホーネン！　ホーネン！　ホーネン！」

建物中に「法然コール」が響きわたり、講堂は異様な熱気に包まれます。

中学一年生から高校三年生の六学年全員が、手拍子をとりながら足で床を踏み鳴らし、舞台の中央に注目します。講堂は、ロックスターのコンサートの開演前のような高揚感に包まれたものです。

ホーネン！　ホーネン！　ホーネン……

「法然コール」が最高潮に達すると、「全校生徒合掌！」の声がかかり、舞台中央奥にある、仏壇の扉が開かれます。

「よっ、待ってました！　法然!!」

宗祖・法然上人の掛け軸があらわれ、場内の興奮はこれ以上ないものとなります。すぐに「法然上人頌《しょう》！」と、掛け声がかかり、

光明《こうみょう》はくまなくそそぐ　限り無きいのちに生きよ
人間の智慧なたのみそ　み恵みは　人を択《えら》ばず
ただ頼め阿弥陀佛と　おしえたるいみじさの　われらが祖師や

煩悩を絶てとは告《の》らず　みだれたる心もゆるし
人間の性《さが》のまにまに　み佛の国に往き行く
この道は誰かひらきし　なさけある慕わしの　われらが祖師や

法然上人を讃えるこの歌がうたわれます。

普段、「荒行」に勤しんでいる方々も、このときばかりは法然上人への愛を叫ぶ、何とも微笑ましい、とても思い出深い儀式です。

法然上人が愛されていることは、教室の黒板の上に法然上人の絵がかかっていることからもうかがえます。ホームルーム委員を決めるときの選挙でも、結果は「法然上人、法然上人、日蓮上人、法然上人……」と、法然上人がクラスの人間を差し置いて、圧倒的な勝利を収めるほどでした。

通信空手家への道

教室の前の席にはガリ勉タイプが、後ろには不良がいて、私はその中間のグレー・ゾーンにいました。そこでよくマンガやエッセイ、詩を書いていたので、不良たちには気持ち悪がられましたが、その分いじめられずに済みました。しかし、不良にも優等生にもなれない自分というのが、コンプレックスでもありました。

その頃、私には新たなブームが訪れていました。当時「燃えよドラゴン」というブルース・リーの映画が大ヒットしており、影響されやすい私は、いつかブルース・リーのように強くなって学園を変えようと決心しました。

早速、漫画雑誌の広告に載っていた「君も強くなれる通信空手」に入会。通信空手家の道を歩むことになりました。

まず送られてきたのは、四冊の冊子でした。上級・中級・初級の教則本のほか、日誌が一冊。その日誌には、空手の練習内容を、つまり「今日は猫足立ちが上手く行った」などと書くのですが、それを東京にある本部に送ると進級するという、かなり不思議な進級システムでした。

今のようにビデオがありませんから、教則本にあるイラストを食い入るように見ながら練習してみる他に方法はありません。「猫足立ち」「三戦《さんちん》立ち」という構えまではマスターしたのですが、そこで止めてしまいました。止めてしまったのは、家に遊びに来たクラス一のいじめられっ子に、ベッドの脇にある通信空手の証書を見られ、「通信空手って、やっていない奴より弱そうやな」と言われたのが、その理由です。

その頃、私はまだ暴力には暴力をもって制するという稚拙な考えがあったのです。

「イマジン」と「イマ寺院」

自分が将来念願の住職になったとして、その寺をどのようなものにするか。そのビジョンが固まったのもこの頃です。中学二年生のときに、ジョン・レノンのソロ・アルバム「イマジン」が発売されました。それにインスパイアされて、寺号を「イマ寺院」と決めました。それからは祖父の影響もあり、自分の部屋の表札に「イマ寺院」と書くほど、どうかしていました。

「イマジン」を最初に聴いたとき、確実に仏教の大ヒット・チューンである般若心経から影響を受けていると、すぐに思いました。

ジョン・レノンは、その詞の中で「天国なんてない、地獄もない。国境もない、所有しているものもない」と歌っています。

般若心経に、

是《ぜ》諸《しょ》法《ほう》空《くう》相《そう》　不《ふ》生《しょう》不《ふ》滅《めつ》　不《ふ》垢《く》不《ふ》浄《じょう》　不《ふ》増《ぞう》不《ふ》減《げん》
（この世のあらゆる存在は実体を欠いていて、生じることもなく、滅することもなく、汚れたことも、浄らかなことも、増えることも、減ることも、ない）

という一節があります。

「これもない、あれもない」の「ないない尽くし」。このすべてを否定していくパワーが、般若心経のひとつの特徴で、「天国も地獄もない」と歌った「イマジン」と酷似していました。

実際には「〝ある〟ように見えていることが〝ない〟」というのは一体どういうことなのか、それは諦めなのか、以来ずっと私の中では疑問が残ったのです。

独鈷をギターに持ち替えて

それまで仏像やお坊さん一筋でカッコいいと思っていた私にも、中学三年生ぐらいになると、とうとう〝邪念〟が生じるようになってきました。

お坊さんや仏像好きでは女子にモテない――。

その決定的な事実に気付いてしまったのです。

悩み、こじらせた挙句、仏像に替わるものを見つけました。

「イメージの詩」という歌でデビューした、吉田拓郎でした。

自分の今思う気持ちを詞にして歌う、拓郎の自由な姿に憧れたのです。

お釈迦さんも、菩提樹の下で悟りを得てから、それを自分だけのためのものにするか、人々に伝えるか散々迷われました。教えを人々に説いても、とうてい理解されるものではないと思ったのか、最後の最後まで躊躇《ちゅうちょ》されたと聞いています。

それが梵天という神様に説得されて、最終的には仏法を人々に説くことを決心します（「梵天勧請」）。そしてまずは、以前一緒に苦行していたときの仲間を相手に教えを説きました。これがお釈迦さんの初説法、いわゆる「初転法輪《しょてんぼうりん》」と呼ばれるものです。

かつての仲間は、お釈迦さんが苦行を途中で止めたのを見て、「あいつは脱落した」と軽蔑していたそうです。しかし、その初説法を聞いて感動して、彼について行くことを決意します。やがてお釈迦さんはより多くの人々を相手に説法して、帰依する人々を増やしていきました。

拓郎も大ヒットした曲「結婚しようよ」で、それまでのフォーク・ファンから非難を受けます。それでも自分を貫き、単なる「フォーク・シンガー」から「吉田拓郎」になるんです。

それにフォークは、アコースティック・ギター一本で演奏できます。独り立って自分の気持ちを素直に歌う、その姿に憧れました。平安時代のお坊さんである空也上人の踊り念仏姿とイメージがダブったのです。各地を遊行《ゆぎょう》しながら、裸一貫で説法する空也上人。まるで今のストリート・シンガーではありませんか。

親にせがんで、ギターを買ってもらい、見よう見まねで作詞作曲を始めました。それからというもの、一日四曲をノルマに、高校卒業までに四百曲近くを作りました。発表するあてもないのに、完全にどうかしてたんですね。

ディランと釈迦

ボブ・ディランに出会ったのも拓郎の影響です。

当時はロック全盛の時代でした。ロック好きの友達は、フォークのことをバカにし、みんなディープ・パープルやレッド・ツェッペリンのことをロックだと思っていました。

私が聞き始めた頃のディランは、もはや旧時代に属する人間だと思われていました。何より「フォークの神様」というレッテルが、当時の若者にはすでに時代遅れと思われたのでしょう。

その意味では、ディランが好きだった当時の自分は、小学生のときにひとり仏像が好きで周囲と話が合わなかった頃と、同じような状況になりました。

ディランの代表曲である、「ライク・ア・ローリング・ストーン（転がる石のように）」や「ウオッチング・ザ・リバー・フロー（流れる川を見つめて）」。

いずれもまさに仏教が説いているようなテーマだったのは奇遇なことでした。

万物流転に諸行無常。

そのまんま仏教を彷彿とさせる曲のタイトルでした。

当時ディランは、苦行期に入っていました。「フォークの神様」とまつりあげられ、そのイメージから、必死で逃げようともがいていた時期でした。全く売れそうにないレコードをあえて作ったり、カントリーを始めたり、ユダヤ教からキリスト教に改宗したり……。

世間のイメージと本人が違うのは当たり前のことですが、もしかしたらお釈迦さんもそうだったのかもしれません。お亡くなりになってから二千五百年近く経ち、後代にいろいろと伝説が付け加えられているようですが、本人の実像とは違うはずです。やれ摩耶夫人《まやぶにん》（註　ブッダの母）の脇の下から産まれたとか、産まれてすぐに空を指さして、「天上天下唯我独尊」と言って立ち上がったとか……。

神話は神話としてその意味を考えなければいけませんが、大スターの本当の気持ちなんて、誰もわかるはずがありません。

そんなお釈迦さんも、死ぬときだけはやけに人間臭い死に方をしています。チュンダという鍛冶屋の息子が差し入れた、キノコ（豚肉という説も）を食べて、食中毒で死んだと言われています。このエピソードから、お釈迦さんの「俺はヒーローじゃない。人間なんだ」という叫び声のようなものが聞こえてくるような気がします。

「好き＝なりたい」である

この頃、完全に自分の興味は、仏像とは切れてしまいました。あれだけ好きだったお寺通いも全くしなくなり、ディランや拓郎にもろに影響を受けた曲ばかり作っていました。

でも今振り返ると、好きになっていく過程はどれも同じ、「好き＝なりたい」です。怪獣が好きだったときは円谷英二になりたかったし、仏像が好きだった頃はお坊さんになりたかった。そしてこのときは、ボブ・ディランになりたくて仕方がなかったのです。

ディランの伝記には、故郷のミネソタから貨物列車に乗り、家出同然でニューヨークにやって来たとあります。「和製ボブ・ディラン」と呼ばれた拓郎も、ディランに憧れて家出同然で上京したそうです。

その二人に憧れている自分も、同じことをしなければいけないと、高校二年生の春休みに、金沢へ家出を敢行しました。

小学生のときは、自分の家がお寺でないことがコンプレックスだったのですが、このときは自分の家が中流であることがコンプレックスでした。ひとりっ子で親にも愛されていたし、学校も嫌ではなかった。周囲にロックさせてくれる環境がひとつもなかったので、無理矢理にでも家出をしなければダメだと思ったんです。

しかし結局金沢に一泊しただけで帰ってきてしまいました。ギター一本抱えて金沢に行き、兼六園でひとり路上ライブ。結構良いホテルに泊まり、淋しくなって帰ってきました。要するに、私の家出は単なる旅行で終わり、何ひとつロックなどしていません。

その人が好きでその人になりたいと思うからといって、何も家出までする必要なんてないと、他人は言うでしょう。しかし私は、「自分らしさ」を残しておきながら、「その人が好き。憧れている」というのは許せない。それは本当のリスペクトとは言えないんじゃないかと思います。

高校生の頃、一度完全に仏教から足を洗ったのもそのためです。

「本当にお坊さんが好きでそれを目指しているのならば、なぜ俺は今すぐに剃髪して出家しないのか」――。

そう自問自答した結果、本気でお坊さんになりたいと思っていない自分に気付きました。

それよりも、自分自身が何を思い考え、それをいかに人に伝えるかということに、興味を持ち始めていたのです。それまで仏教の本を読んで「なるほど」と思って終わっていたことが、今度は、それを自分がどう感じ、どのように表現するのかという方向へと徐々にシフトしていったのです。

思春期固有の「自分病」を患ったのです。

人間はどうしても良いことを思いつくと、人に伝えたくなってしまいます。自分のことをわかってほしい、自分のことを褒めてほしいという執着が出てしまいます。お釈迦さんが、それは煩悩であると一刀両断しているにもかかわらず、どうしても「自分」というものが出てきてしまう、「青春ノイローゼ」の時期でした。

横尾忠則経由で、仏教と再会

この頃、自分にとって新しい神様が現れました。横尾忠則さんというアーティストです。

高校三年生のときに美大に行こうと決めたのも、完全に横尾さんの影響がありました。また、ロック＝アートの時代でもありました。ジョン・レノンもキース・リチャーズもエリック・クラプトンもアートスクール出身、そのときはまだロックとアートが仲良く結びついていた時代で、横尾さんの絵にたまらなくロックを感じてしまいました。

不思議だったのは、横尾さんを追いかける途上で、仏教と再会したことです。

一九七〇年代中頃まで、アメリカやヨーロッパで東洋的な精神世界ブームがありました。横尾さんも例外ではなく、ピラミッドパワーやメディテーション（瞑想）にはまっていらっしゃいました。

私もそれを真似して、竹籤《たけひご》でピラミッドを作ってそこで瞑想していたこともあります。お香を焚き、タンジェリン・ドリームのようなプログレッシブ・ロックを流しながら、瞑想していました。当然、童貞の高校生が横尾さんの言うような「宇宙」を感じられるわけがありません。

すでにビートルズ、特にジョージ・ハリスンはインドの影響を強く受けていて、インドの宗教ムーブメントである「ハレ・クリシュナ運動」の強力な支援者でもありました。「元祖自分探し」は、ビートルズの中での立ち位置を模索していた、ジョージ・ハリスンです。元サッカー選手が「自分を探す」、はるか数十年前のことです。

ジョンとポールという天才に挟まれて、ビートルズではなかなか頭角をあらわせなかったジョージが、インドの精神世界に活路を見出す。メンバーをも巻き込み、その音楽にも影響を与え、世界的なインド・ブームを起こしました。後期ビートルズでジョージはあごひげを長く伸ばし、まるで行者のような雰囲気でした。

ビートルズを解散し、ソロになってから作った「マイ・スウィート・ロード」は大ヒットしました。歌詞は、「ハレ・クリシュナ」を讃えるもので、アルバム・タイトルは「オール・シングス・マスト・パス」。すべてのことは移りゆく、つまり諸行無常です。

忘れていたはずの仏教が、横尾さんやジョージ・ハリスンを経由してまた私の前に現れました。ロックと仏教が期せずして結びついたのでした。

一九八〇年代は末法の時代

もっともそんな時代は長く続きません。ロックも七〇年代中盤になると衰退し、パンクが出てきて、ＡＯＲが出てくると、もう仏教的要素はまったく見当たらなくなりました。東洋的な世界観とロックは、遠く離れてしまいます。

私は美大に入るために二浪もしましたが、ようやく一九七八年に武蔵野美術大学に入学しました。そこからは仏教の世界と再び離れてしまいます。

一九八〇年代になると、完全に時代は「末法」に入ったと感じました。

私は「ガロ」という特殊漫画雑誌で、一九八〇年にデビューしました。

ありがたいことにそれからポツポツと仕事が舞い込むようになり、マンガやイラストを描いたり、広告の仕事が入ったり、いろいろな仕事をさせてもらいました。ところが、贅沢言うなと怒られるかもしれませんが、「やりたい仕事」ばかりではありませんでした。時代はバブル前夜。浮かれた世の中が嫌いで、目をつぶって毎日原稿を書いていたような時代です。

ただ、自分もその波に徹底して抗《あらが》ったわけではなく、むしろ時代の波に乗り遅れまいと、長髪を切りテクノカットにしていました。ロックとはほど遠い、ピコピコと電子音が鳴る、暗黒の「テクノ時代」の到来です。

しかし当時、仕事は欲しいし、少しでも時代にマッチしたイラストレーターと勘違いしてもらうために、自分を偽っていました。

自分にとっての苦行期、それがこの一九八〇年代でした。

「大仏連」の結成とツッコミ如来

一九八〇年代も終わりにさしかかり、元号も昭和から平成に変わった一九八九年、私は人生の転機を迎えました。

友人とバンド「大島渚」を結成、当時のバンド・ブームの源であった「平成名物T

V・いかすバンド天国」（以下、イカ天）に出演して見事完奏しました。「大島渚」は、「イカ天ブーム」を象徴するバンドのひとつに数えられ、CDも発表、全国のライブハウスを回り、武道館でのイベントにも出演しました。短かった私の髪の毛も再び伸び始め、忘れていたロック魂を徐々に取り戻し始めたのです。

また、いとうせいこうさんと出会って、お互い仏像に対しての秘めた熱い思いを語り合ったのがきっかけで、一九九二年に「大日本仏像連合」（通称「大仏連」）を結成しました。私の中で長らく忘れていた仏像への思いが再燃したのです。

後に二人で各地のお寺を回り「見仏」、その成果として一九九三年、シリーズ第一作となる『見仏記』を出版しました。

二人だけの「見仏」活動に飽き足らず、団体を作ろうということで始まったのが「大仏連」です。実質は私といとうさんの二人だけなのですが、それでも「団体っぽく」見せる手法は、大乗仏教の手口にならったものです。

「大仏連」では「法会《ほうえ》」と称したイベントを主催しました。私が撮影したお寺や仏像の写真や、秘蔵の「仏像スクラップ」をステージに映し、それに対していとうさんがツッコミ、私がボケるという「仏像漫才」を展開しました。これが後のイベント「ザ・スライドショー」の原型となりました。

この法会ではじめて、「ツッコミ如来」という「マイ寺院」のご本尊さまをみなさんの前で「ご開帳」しました。

「ツッコミ如来」は、煩悩を抱え続け苦しむ衆生に対して、「もう、えーかげんにしなさい！」と、愛あるツッコミを入れてくれる仏さまです。

この仏さまは、美大時代の同級生である「トットリ君」に頼んで製作してもらったものです。「トットリ」は、鳥取県出身ということでこのあだ名がついたのですが、彼は紙粘土細工の天才で、私のお抱えの「仏師」でもありました。

さらに仏像を特集するテレビ番組に出演するため、「大仏連バンド」も結成しました。代表曲は「君は千手観音」です。

暗いお堂に一人立ち　極楽浄土のサウンドで踊る　観音！
千手・千顔　戦慄の　蓮華世界をパノラマで映す　観音！
君は千手観音！
Come On KANNON　Come On KANNON
Come On KANNON　Woo Woo Woo

仏像とロックを融合するために作った曲です。

元祖・仏像ブーム

今や当たり前に流布している「仏像ブーム」という言葉ですが、当時はそもそも「仏像」という言葉と「ブーム」という言葉は結びついていませんでした。むしろ「仏像ブーム」と私が言うと、周りに「そんなブームは来ていないよ！」と冷ややかにツッコまれることを想定して作った言葉です。

二十年前に「仏像ブーム」らしきものは微塵もなかったところに、あえて「ブーム」と言う。そこに妙味があったのですが、今やひとつの熟語として「仏像ブーム」という言葉が定着し、マスコミも普通にこの言葉を使用するようになりました。

しかも、「仏像ブーム」なる言葉が独り歩きしているわけでもなく、阿修羅展に象徴されるように、その実体もありました。それまでお寺や仏像に興味のなかった若い人や女性にも、「仏像ブーム」は浸透してきたようです。

ジワジワと仏像ファンの裾野も広がり始め、「仏像ブーム」は、本当の仏像ブームとなりました。

ここまで、仏像少年の頃から、現在に至る私の「遍歴」について語ってきましたが、次章からは、私の生き方や考え方において、仏教の教えからいかに影響を受けてきたか、それについてお話していきたいと思います。

第三章　諸行無常と諸法無我

「四法印」の教え

これまでお話ししてきたように、私は仏像にグッときたのを「入り口」として、次第に仏教にも興味を持つようになりました。いわゆる「形から入った」わけで、その点では今のフィギュア好きと変わらなかったかもしれません。ただ、ウルトラマンや怪獣などのフィギュアと違っていたのは、当然のことながら、仏像に「お釈迦さんの教え」＝「教義」があったことです。

あらゆる仏像のあらゆるパーツに意味があり、そこには教義がつまっています。「印契《いんげい》」と呼ばれる仏像の手や指の組み方にも、「お釈迦さんが悟りを開いたときのもの」（「禅定印《ぜんじょういん》」）や「衆生の不安や恐れを取り除くもの」（「施無畏印《せむいいん》」）など、一つ一つに意味があります。

しかしこれはあくまで仏像に込められた「教義」です。では、二千五百年前にお釈迦さんが説いた、仏教の教えとはどのようなものなのでしょうか。

ここでは基本中の基本を紹介したいと思います。

仏教の教えの基本を特徴づけるのが、「四法印」と呼ばれるものです。『岩波仏教辞典』によると、「四法印」は以下のように説明されています。

諸行無常　われわれの認識するあらゆるものは、直接的・間接的なさまざまな原因(因縁)が働くことによって、現在、たまたまそのように作り出され、現象しているに過ぎない(中略)。あらゆる現象の変化してやむことがないということ。人間存在を含め、作られたものはすべて、瞬時たりとも同一のままではありえないこと。

諸法無我　いかなる存在も不変の本質を有しないこと。すべてのものは、直接的・間接的にさまざまな原因（因縁）が働くことによってはじめて生じるのであり、それらの原因が失われれば直ちに滅し、そこにはなんら実体的なものがないということ。したがって、われわれの自己として認識されるものもまた、実体のないものでしかなく、自己に対する執着はむなしく、誤れるものとされる。

一切皆苦《いっさいかいく》

仏教は生れたままの自然状態、すなわち凡夫の状態は迷いの中にある苦としての存在と捉え、そこから脱却して初めて涅槃という楽に至ると考えて、この迷いの世界のありさまを〈行苦〉と表現する。この行苦は涅槃に至った者を除いて例外なく存在し、皆苦の意味を持つ。

涅槃寂静《ねはんじゃくじょう》

煩悩の炎の吹き消された悟りの世界（涅槃）は、静やかな安らぎの境地（寂静）であるということ。

（『岩波仏教辞典　第二版』より）

どれも含蓄があり実生活にも応用可能だと思います（このうち「一切皆苦」を除いて、「三法印」とする考え方もあるようです）。

この四法印のうち「諸行無常」と「諸法無我」について、自分なりに考えたことをお話ししたいと思います。

仏像が壊れ、天狗の鼻が折れる

フィギュア全盛の現在、阿修羅像をはじめ、比較的精巧な仏像のフィギュアが大量に作られ、手に入れようと思えば簡単に入手できる世の中になりました。

しかし、私が「仏像少年」だった頃は、お寺に行って仏像を見て回る、あるいは写真集で仏像を見るしかありませんでした。

最初はそれで満足していたのですが、段々と仏像を手元に置きたいという欲求が高まってきました。もちろん実物は無理だと思っていましたが、当時は今のような出来の良い仏像フィギュアはありません。

あったとしても、門前の土産物屋さんで売っている瀬戸物で出来た安物の仏像フィギュアだけでした。それをお寺に行くたびに眺めていたものの、子供ながらに出来が悪いのがわかったので最初は欲しいと思いませんでした。しかし、仏像を手元に置いておきたいという欲が勝り、とうとう親にせがんで買ってもらいました。

弥勒菩薩像や十二神将像など、数体をついに「念持仏（註　日常身につけたり身辺に置いたりして拝む仏像）」として手に入れました。しかし、安い薄焼きの瀬戸物なので、間もなくして何かの拍子に仏像が床に落ちて粉々に！

その瞬間、ひとつの言葉が頭をよぎりました。

諸行無常――。

仏像とて粉々になるのです。

余談ですが、大人になってから、「マイブーム」の一環として、天狗に凝っていたときがありました。いろいろなところでお面やフィギュアといった天狗グッズを集めていました。ある日のこと、京都の鞍馬で買った天狗のお面の鼻が、家に帰ってカバンを開けてみると、折れていたのです。

よく慣用句として高慢な人間が自信をなくすことを、「天狗の鼻が折れる」と言いますが、本当に天狗の鼻が折れることがあるということを知り、大変なショックを受けました。

この瞬間も「諸行無常」という言葉が浮かびました。

仏像とて粉々になり、天狗の鼻は折れる――。

形があるものが壊れる、または無くなる。それは形があると信じ込んでいたからです。「諸行無常」は、教義上のことだけでなく、意外とこのような身近なところで見つけることができるのです。

「色即是空」で美大合格

私は美大に入学するため、上京してから美術研究所という美大入学のための予備校に通っていました。そこでは、まず石膏像をデッサンすることから始めます。

石膏像には、ブルータスやパジャントやモリエールなど、いろいろなタイプのものがありました。その石膏像をデッサンするにあたって、先生は「これはブルータスに見えるかもしれないけど、ブルータスではない」と繰り返し、「形をそのように模しているだけのことで、仮にこれが割れたら、はたしてそれはブルータスと言えるのか？」と、まるで禅問答のようなことを一生懸命言っていたのです。

そのときは意味が全くわかりませんでした。しかし今になって思うと、それはデッサンの基礎、ものを見るということの基本を、先生は我々に教えようとしていたのだと思います。

つまり、今見えているものは単なる面であり、光がこのように差し込んできて一時的にその面が構成されて見えているだけのこと。それを「ブルータス」と呼んでいるに過ぎないと。

形でものを見てはいけない、感じるんだ――。

先生はそう言いたかったのでしょう。

その意味がわからないまま私は、結局二浪してしまいました。

ある日のこと、浪人するたびに買っていた石膏像を自宅のアパートで倒してしまったとき……、

「これだ！」

その瞬間にまた「諸行無常」をキャッチしました。

「われわれの認識するあらゆるものは、直接的・間接的なさまざまな原因が働くことによって、現在、たまたまそのように作り出され、現象しているに過ぎない」――。

ブルータスの石膏像も、割れてしまえばただの石膏。先生が「これはブルータスじゃないんだ！」と力説していた理由が、そのときようやくわかり、翌年、美大に合格しました。

あのとき石膏像が倒れていなかったら、きっと私はずっと目に見える形にとらわれたままで、「ブルータスの似顔絵」ばかりを描いていたはずです。

形あるものは一時的な状態に過ぎなくて、それは即ち、〝ない〟ことと一緒である。デッサンの本質もまた「色即是空《しきそくぜくう》」だったのです。

「色即是空」というのは、般若心経に出てくる有名な一節で、「色とは現象界の物質的存在。そこには固定的実体がなく空であるということ」と辞書は説明しています。

その「有ることが無い」「無いことが有る」ということの意味を求めようとしても、無駄であるということです。

ポジティブに「あきらめる」

佐渡島に行ったときのことです。

あるお寺の古いお堂で見た仏像は、修復されることなく、ボロボロの状態のものばかりでした。ホコリだらけであちこちにひびが入り、激しく型崩れしているものもありました。

地方の寺に行くと、このようなボロボロの仏像を見ることがよくあります。焼けただれて黒こげになった「焼け仏」とか、手や足が取れているものなど、いろいろです。仏教の教えを体現するはずの仏像もまた、諸行無常からは逃れられないということを、身をもって教えてくれていたのです。

思えば戦争が終わり、高度経済成長の時代に突入してから、「形あるものはいつか無くなる」という感覚が鈍くなってきているような気がします。右肩上がりの経済状況で、どんどん空き地に家やビルが建っていくのを見ていると、諸行無常の精神は、廃れていくばかりでしょう。

物だけではありません。人間もいつか必ず死にます。

人は死ぬと火葬場で焼かれ、骨となります。その骨は骨壺に入れられお墓に納められます。この当たり前の事実と向き合わなければいけない瞬間が、いつか誰にでも訪れます。若いときこそ〝死〟というものがピンと来なかったとしても、五十歳を過ぎるとそのようなことを思わざるを得ません。

「人間はどうやら死ぬらしい」から、「死んだら何も残らない」と、自分に言い聞かせるのも修行のひとつです。何だか生きるのをあきらめているように聞こえるかもしれません。しかし、「あきらめる」という言葉はもともと仏教用語で、真理を明らかにするというのが語源です。現代では悲観的に用いられることが多い「あきらめる」ですが、「人はいつか死ぬ」と覚悟をした上で生きるんだと、あきらめて考えればいいのではないのでしょうか。

「死ぬことを前提にして、いかに生きるか」――。

お釈迦さんもそう言いたかったのではないでしょうか。

〝ホビー教信者〟だけが知っていること

私を仏像の世界に導いてくれた祖父が亡くなったときのことです。

それまで祖父が集めていた「コレクション」が、亡くなった瞬間に「遺品」に変わってしまいました。それが土地や財産であれば「遺産」になりますが、自分の趣味に生きた祖父のような人間のコレクションは「遺品」となり、死後それは「形見分け」と称して、いろいろな人の手に渡っていきました。葬式の日に祖父の「秘宝」が荒らされていくのを、私は寂しく見守っているだけでした。

大人になって私もコレクターの道に走り、ボブ・ディランという大好きなミュージシャンのレコードを必死になって集めていたことがありました。レアな逸品を求めてイギリスやイタリアにまで出かけたこともあります。その頃によく通ったのが、当時西新宿にあった海賊版専門の中古レコード店でした。

ある日のこと、いつものように店をのぞくと、それまで全く出回っていなかった、レアなレコードが大量に売りに出されていました。それを見て嬉しくなり、店員の人に「どうしてこんなに貴重なものが売られているのですか？」と思わず聞いたら、「きっとコレクターの方が亡くなったか、倒産したかのどちらかでしょう」と極めてドライな答えが返ってきました。

その瞬間、祖父が亡くなったときと同じ気持ちになりました。レアなレコードを手に入れた高揚感はすぐに消え、「いつか私が死んだときもこうしてレコードが流出するのだろうか」と、寂しい気持ちになりました。

つまり、このレコードは一時的に自分の手元にあるに過ぎない。そしてその状態はいつか変化する――。

まさに諸行無常です。

「ホビー教」と私が勝手にそう呼んでいる〝宗派〟があります。今は「オタク」と呼ばれることの多い、マニアックに物を集めるコレクターが「ホビー教信者」です。「ホビー教信者」であれば、少なからず私と似たような経験、つまり物を集める空しさを感じたことがあるはずです。

一見、物欲にまみれ、物に執着しているようにみえる「ホビー教信者」ですが、意外とこの空しさは集めたことがない人よりも身体で知っています。

必死になって集めた大事な物が壊れたり、手放さなければいけなくなったりした瞬間、例えようのない空しさに襲われます。そうした瞬間がいずれ来ることをわかっていながらも、夢中になってまた集めてしまうのが、ホビー教信者の性《さが》というやつ。

このように物を集めるというのは、空しさを知る「修行」なのです。これだけは修行をしてみなくてはわかりません。

コレクターとか趣味人とか呼ばれる人は、他人には「あの人は好き勝手やっていて、楽しそうでいいわね」なんて思われがちですが、実際はかなり辛い修行生活をおくっているのです。しかしなかなか人にはそのことを理解されず、自業自得と言われ、二重の辛苦を背負っているものです。

お寺もまた諸行無常から逃れられない

先ほど、ボロボロの仏像が身をもって教えてくれた諸行無常の精神、という話をしましたが、仏像がそうだとすればお寺だって同じことが言えるはずです。今、特に地方の寺が崩壊の危機だと言われていますが、仏教の根本原理である諸行無常の精神からすれば、それも定めではないかと思ってしまいます。

いつ頃からお寺は存続させるべきものと考えられたのでしょうか。

明治時代のフェノロサ以降に広まった現象はどうでしょう。

フェノロサと言えば、岡倉天心とともに、法隆寺夢殿《ゆめどの》の扉を開け、長く秘仏として安置されていた救世観音を開帳させた、「元祖・勝手に観光協会」の人物としても有名です。来日して日本美術にグッときたフェノロサは、全国の社寺を回りその保存運動に尽力しました。ちょうどそれは廃仏毀釈の嵐が吹き荒れた後でもありました。文化財保護というのは彼の「マイブーム」であったと私は思っています。つまりお寺を存続させるという考え自体、日本人ではなく外国人のセンスによって始まったのではないかと私は思っています。

もちろん私は仏教が諸行無常を説いているからといって、お寺も無くなってしまえばいい、などとは全く思っていません。こうした考えはとても危険で、お寺のことのみならず、人を殺《あや》めても何をしても諸行無常なんだからいいじゃないか、ということになってしまいます。都合よく〝諸行無常〟を持ち出すのは論外ですが、ことお寺に関しては、潰れることを恐れる余り、本業そっちのけで不動産業や駐車場の経営をするのはいかがなものでしょうか。

昔の日本の仏教者には、空也や一遍、円空や木喰《もくじき》のように、全国各地を旅しながら、説法をしたり念仏を広めたり仏像を彫ったりした、遊行する僧の系譜がありました。彼らは、定住せず、お寺も持たず、物に執着せず、全てを捨てて旅に出ました。

「全てを捨てる」――。

これこそが諸行無常を地で行く、本物の仏教なのかもしれません。

諸法無我＝自分なくし

四法印のうち、諸行無常に続いて、次は諸法無我です。

諸法無我というのは、いかなるものにも実体はない、というお釈迦さんの尊い教えのひとつです。あらゆるものは一時的な状態に過ぎず、永久不変のものはこの世に存在しない。

それは「無我」とあるように、当然「そう考える自分自身にも実体はない」ということです。ヨーロッパでは「我思う。故に我あり」という有名なフレーズがありますが、仏教では「そう思う我も無い」と考えるのです。

数年前に、サッカーの中田英寿が引退して、「自分探しの旅に出ます」と宣言したことがありました。その旅の途中、リハビリ中のお相撲さんとサッカーをして、話題になったことがあります。先ほど、元祖・自分探しは、ビートルズのジョージ・ハリスンではないかという話もしました。

それ以前からも、「自分探し」という言葉は世の中に流布し、学生やOLから、主婦やサラリーマンまで、日本中が「自分探し」に夢中になり、「本当の自分」というものを必死になって探していました。中には、坐禅や写経をするなど、仏教に触れることで「自分探し」をしようなんていう人も少なからずいたように見受けられました。

しかしこれまで自分探しを始めた人で、見事本当の自分を見つけたという人がいるのでしょうか？

仏教では、「無我」つまり「本当の自分」なんてものはない、ということを二千五百年前から説かれているのです。

私は、「自分探し」よりもむしろ、「自分なくし」の方が大事なのではないかと思っています。お釈迦さんの教えにならい、「自分探しの旅」ではなくて、「自分なくしの旅」を目指すべきなのです。

「自分を変えること」を恐れるな

「本当の自分とは何か？」「自分らしさとは何だろう？」ということを、どれだけ真剣に考えようと答えなんて出るわけがありません。自分というものがこの世で一番厄介で面倒臭いものだからです。それをなぜみなさんがわざわざ探そうとするのか、不思議でなりませんが、〝自分にも都合がいい自分〟なんて、どこにもいるはずはありません。

だからといって、すぐに自分をなくすことができるかというと、それは大変難しいと思います。でも方法はあるのではないでしょうか。

それは誰かに「憧れ＝なりたい」と思うことです。

円谷英二しかりお寺の住職しかりボブ・ディランしかり。「その人になりたい！」と思って、必死で真似をしているとき、自分はなくなっています。その人になりたいと思って、できるだけ真似をする。つまり誰かを好きになって夢中になる、という癖をつければいいのです。それは、自分をなくしていく技術を獲得することでもあるのです。

そして、リスペクトする人をどうしても真似しきれなかった余りの部分、いわゆるそれが「コンプレックス」と呼ばれるやつですが、そのコンプレックスこそが「自分」なのであって、これこそが「個性」なのです。仕方ありません。若いときはそのあたりがわからず、個性というものを「自分オリジナルのもの」とはき違えてしまいがちなもの。

しかし難しいのは、「憧れ＝なりたい」と真似をして、自分を変えていくということが、いつでもできるわけではないことです。若いうちはできても、年を取るとなかなか自分を変えることが難しくなります。

年を取ると、積み重なった「自分らしさ」が邪魔をして、すんなり他人に憧れることができず、また自分を変えることにも抵抗を抱くようになります。

「自分なくし」というのは、自分を変えるためにリセットするという考え方でもあります。ついつい煩悩が積み重なり、自分らしくなってくると、変化を拒むようになってしまいます。

飲み屋でのシーンでよく、人間関係などに悩み、「会社をやめたい」と愚痴るのを聞くことがあります。こちらは「だったら会社をやめて転職すればいいじゃない」と単純に思いますが、「いや、そうしたいんだけど、今不況だし……」と言われると、それほど望んでいないことを知ります。

不倫が原因で家庭不和になっている者は、

「だったら離婚すればいいじゃない」

「いや、離婚はできない」

「じゃあ、その女と別れればいいでしょ」

「いや、別れたくない」

それでは状況は何も変わりません。それもそれほど悩んでいないのではないかと疑ってしまいます。

本当はできるのに、変わることを恐れて、できないと決めているだけです。

つまり「自分らしきもの」があると思っている。そしてそれをキープしようとしている。だから変われないのです。

自分らしさへの可能性については熱心なのですが、「自分をなくす」可能性には目を向けません。自分をなくせば、変わることが簡単にできるし、それは思っているより悪いものではないかもしれません。

若い頃、地元から上京してきたぐらいまでは、自分を変えたくて仕方がなかったはずなのに、就職や結婚をしてそれなりの地位や貯えができると、変わることを恐れるようになってしまいます。若い頃には、「変わる」という言葉はとてもポジティブなものだったのに、ある程度年を取ってからは、ネガティブなことだと思うようになるのです。

四門出遊

お釈迦さんが出家したのは、二十九歳のときでした。

お釈迦王国の王子という地位を捨て、産まれたばかりの子どもや妻をおいて、お釈迦さんは出家しました。いわば、究極の「自分なくし」です。ここはお釈迦さんのエピソードでも特にグッとくるところです。

出家の動機をあらわした、「四門出遊《しもんしゅつゆう》」という故事があります。

あるときお釈迦さんは、自分の城から外出することにしました。まずは東門から外へ出てみると、そこにはシワだらけで痩せ細った老人がいました。同行した召使いに「この人は誰か?」と聞くと、「これは老人です。人はみな年を取れば老人になります」と答えました。それを聞いたお釈迦さんは外出する気をすっかりなくしてしまいました。

次の外出は南門からで、そこにはみずからの汚物にまみれ苦しんでいる病人がいました。また召使いは答えます。「人はみな病気になります」。

西門から外出したときは、親しい人に死なれ嘆き悲しむ人がいました。それを見て召使いは、お釈迦さんに「人はみないつか死にます」と話しました。

そして最後にお釈迦さんは、北門から外出しました。そこには出家した修行僧がいました。その穏やかな様子をみて、お釈迦さんは自分も出家する覚悟を決めたというのです。これが「四門出遊」です。

今でも、出家するために家庭を捨てることが本当にいいことなのかどうか、私のような人間には判断が難しいところがあります。

しかし、王国の王子として生まれ、将来は国のリーダーとして周囲に嘱望されていたお釈迦さんが、自分を変えるために全てを捨てて出家した――。

すなわち仏教は「自分なくし」からすべてが始まったのです。

第四章　地獄ブームと後ろメタファー

「地獄ブーム」がやって来た

仏教からどんどん「お客さん（檀家さん）」が減っていると、お坊さんが嘆くのをよく耳にします。仏教に限らず、昔ほど日本人は宗教に信心も関心もないのは、寂しいと思う反面、致し方ないことだとも思います。その一方で、スピリチュアル・ブームやパワースポット・ブームが盛り上がっているように、広い意味で宗教的なものを求める心性は、今も一定量はあると言えそうです。

これからの仏教が存在感を取り戻すため、どのようなプレゼンテーションをすればいいのか、勝手ながら考えることにしました。

ひとつの提案として、地獄という存在を世間にどう知らしめるかが、意外と大事なのではないかと思います。仏教にパワーがなくなったことと、地獄の存在感が弱まったということがつながっているような気がするのです。

仏教のみならず、キリスト教でもイスラム教でも地獄の存在について触れています。どの宗教でも死後の世界というのは、重要な関心事のひとつなのでしょう。それらの宗教を信仰している人が、今どこまで地獄の存在を信じているかわかりませんが、こと仏教に限っては、地獄の存在がいかにも弱まっているように思います。

私の中で「地獄ブーム」が始まったのも、そのような関心からでした。

地獄について書かれた本をたくさん集めて、地獄のことばかりを調べました。

十年ほど前、自分より少し年上の知り合いが、「みうら君は仏像に詳しいから聞いていいかな」と、真顔で「地獄ってあるのかな？」と聞いてきました。若い頃は地獄があるかどうかなんて気にもならなかったのに、年を重ねたことで、とりあえずあるのかないのかだけは、はっきりさせておきたいと思ったのでしょう。

まずは日本における地獄設定の元となった、源信の『往生要集《おうじょうようしゅう》』を読んでみました。

まず判明したのが、「地獄にもいろいろある」ということ。

生前犯した罪によって、堕ちる地獄が変わっていくことを、みなさんはご存知でしょうか。それも数箇所程度のものではなく、かなり細かく分かれているのです。

地獄について最も詳しく述べているという、五世紀頃のインドで成立した『正法念処経《しょうぼうねんじょきょう》』によると、地獄は大きく八つに分かれ、さらにそれぞれ十六の小さな地獄があり、計百二十八個の地獄があるようです（山本健治『現代語・地獄めぐり』三五館、二〇〇三年）。

これまでの自分の所業を振り返れば、余程の聖人でない限り、どのみち地獄に堕ちることはほぼ決定しています。

ならば、そこがどのようなところなのか、せめて死ぬ前に予習しておく必要はあるでしょう。飲み屋で相談してきた友人も、そのような心境であったはずです。

私が地獄のことを調べているのを知った人たちは、よく「俺はどの地獄に堕ちるの？」と聞いてきます。いつの間にか私は「地獄カウンセラー」になっていました。

「そうだね。あなたの場合は、飲み会ですぐにキレて大暴れするから、等活地獄の中の

『極苦処《ごくくしょ》』というところに堕ちるよ。そこでは、灼熱の鉄の雨が降り注いでいて、あなたは一瞬のうちにドロドロに溶けて死んでしまう。それが永遠に繰り返される」

続けて、「ここは地獄の中でもかなりきつい方だから、死ぬまでに罪を減らしておかないと、死んでから苦労するよ」。

このような話をしていてわかるのが、たいていのみなさんが地獄のことを勘違いしていることです。

まず地獄が一つしかないと思っています。だから死んでも家族や友人に「よう、久しぶり」と会えると思っています。しかしそれはとんでもない間違いです。地獄は百二十八箇所あり、生前の罪状によって堕ちるところが違うわけですから、家族や友だちと同じ地獄に堕ちるとは限りません。

さらに地獄と地獄の距離は、数万由旬（一由旬＝約七キロメートル）あると言われています。歩いてたどり着ける距離ではありません。このことをきちんと知り覚悟しておかないと、死んでから大変なことになります。そのときに「しまった！」と思っても手遅れなのです。

閻魔大王もIT化

それではここで、死んでから地獄に行くまでの過程や、地獄とは具体的にどういうところなのかを、みなさんと一緒に予習しておきたいと思います。

人は死ぬと賽《さい》の河原に着き、そこから三途の川を渡らなければいけません。その渡し船に乗るのに六文かかることから、葬式に六文銭を用意する風習ができたようです。三途の川を無事に渡ると、いよいよ生前の罪をはかる裁判が始まります。

その裁判の結果次第で、天・人間・修羅・畜生・餓鬼・地獄のうちどこに行くのかが決まります。この六つの世界は「六道」と呼ばれ、成道《じょうどう》つまり悟りを得ない限り、この六つの世界を永遠に迷いながら輪廻転生する、というのが仏教の考えです。

その裁判は計十回行われ、有名な閻魔《えんま》大王が登場するのは五回目の裁判だそうです。「初公判」はいわゆる「初七日」に行われ、四十九日までに七回の裁判が行われます。

さらに百箇日、一周忌を経て三回忌に行われる十回目の裁判で「結審」となるようです。

この裁判について気になるのは、現代人が犯したであろう膨大な罪状を、閻魔大王は自分のノート（「閻魔帳」）にはたして書き切れるのか、ということです。原稿用紙数枚程度では足りないでしょう。書き切れないならまだしも、身に覚えのない罪をでっち上げられた挙句に、炎で焼かれる、という事態だけは絶対避けなければいけません。死んでからも、「それでもボクはやってない」では、浮かばれません。

今や情報の正確さを期する意味でも、閻魔様のところに冤罪防止のためパソコンが導入されているに違いありません。地獄もＩＴ化を免れず、罪状もデータベースで管理される時代になっているはずです。

また、閻魔大王の前で嘘をつくと舌を抜かれるという言い伝えがあります。いくら言葉で「自分はやっていない」と説明しても、閻魔大王は「浄玻璃鏡《じょうはりきょう》」という生前の悪行が映し出される水晶製の鏡をもっています。これもＩＴ化の波に抗えず、おそらくブルーレイが導入され、悪行が鮮明にディスプレイに映し出されているはずです。

地獄を予習する

さてそれでは、いよいよ地獄について説明しましょう。

経典によって、地獄の数は違ってくるのですが、「八大地獄」と呼ばれるものが一番ポピュラーのようです。さらにそれぞれが十六に分かれているようですが、細かすぎるので、ここでは八大地獄の内容だけ簡単にご説明したいと思います。

八大地獄は、上から順に等活・黒縄《こくじょう》・衆合《しゅごう》・叫喚・大叫喚・焦熱・大焦熱・無間《むげん》と八つの地獄がビルのフロアのように重なっています。下に行けば行くほど苦しみが増すそうです。

それではひとつひとつの地獄の特徴を紹介しておきましょう。

【等活地獄】

主に、殺生の罪を犯した者が堕ちる地獄。また、生前に好んで争いをしていた者や反乱で死んだ者もここに堕ちる。罪人同士が骨になるまで殴り合ったり、獄卒（註　地獄を管理する役人のこと）に鉄棒などで殴られたりする。死んでもすぐに元通りに生き返ってしまう。刑期は約一・六兆年。

【黒縄地獄】

殺生および盗みを重ねた者が堕ちる。罪人は、熱く焼けた鉄の上に倒され、同じく熱く焼けた鉄の黒縄で縛られ、熱く焼けた斧かのこぎりで切られる。刑期は約十三兆年。その苦しさは、ひとつ上の等活地獄の十倍ほどらしい。

【衆合地獄】

殺生や盗みや邪淫（淫らな行い）をした者が堕ちる。鉄の山が崩れて、それに圧しつぶされたり、鉄の巨像に踏まれたりする。黒縄地獄の十倍の苦を受ける。刑期は約百六兆年。

【叫喚地獄】

殺生・盗み・邪淫・飲酒をした者が堕ちる。衆合地獄の十倍の苦を受ける。熱湯が沸いた大釜や、猛火の鉄の部屋に入れられる。刑期は約三百五十二兆年。

【大叫喚地獄】

殺生、盗み、邪淫、飲酒に、妄語をした者が堕ちる。叫喚地獄の十倍の苦しみ。叫喚地獄で使われる鍋や釜より大きな物が使われる。刑期は約六千八百二十一兆年。

【焦熱地獄】

殺生、盗み、邪淫、飲酒、妄語に、邪見（仏教と相容れない考えを説くこと）を犯した者が堕ちる。大叫喚地獄の十倍の苦を受ける。熱した鉄板の上で、串に刺されてあるいは体をバラバラにされてから焼かれる。刑期は約五京年（一京＝一万兆）。

【大焦熱地獄】

焦熱地獄の罪に加え、「犯持戒人」（尼僧・童女などへの強姦）の罪を犯した者が堕ちる。さらなる熱でひたすら焼かれる。

【無間地獄】

殺生、盗み、邪淫、飲酒、妄語、邪見、犯持戒人、父母殺害、阿羅漢（聖者）殺害の

罪を犯した者が堕ちる。地獄の最下層にあり、あらゆる責め苦を受ける。この無間地獄に比べたら、これまでの地獄は甘くうつるらしい。

あらためて、地獄がいかに恐ろしいところかということがわかっていただけたでしょうか。

死後、このようなところで何十何百兆年も苦しみ続けるのは誰しも避けたいところです。そう思うからこそ、生前にできるだけ善行を積んでおこうと人々は思うのです。

しかし、飲酒や殺生や淫らな行為、生きている間にこれをひとつもしなかったという人はなかなかいないと思います。つまり現代人のほとんどは、衆合・叫喚地獄あたりまで堕ちることは決定しているのです。ならばせめて、そこがどういうところか、地獄を予習しておいても決して損はないと思います。

羊やロバと性交した者が堕ちる場所

さらに百二十八ある小地獄については、よくもまあこれだけ罪状を集めたなと思うほど細かく分かれています。中には「ネタ切れではないか」と勘繰ってしまうものもあります。いくつか興味深いものを、先述の山本健治氏『地獄めぐり』を参考にご紹介していきましょう。

まず性的な罪を犯した者が落ちる小地獄があります。仏教では「邪淫」は当然禁止されているので、性的な罪に関するものが数多くあることは想像しやすいと思います。

代表的なものに、

「割刳処《かっこしょ》」――淫らな性交、及びオーラル・セックスを行った女性が堕ちる。
「脈脈断処《みゃくみゃくだんしょ》」――男性に無理矢理行為を迫った女性が堕ちる。
「悪見処《あっけんしょ》」――子供に性的虐待を加えた者が堕ちる。
「団処《だんしょ》」――牛馬犬猫の交尾を見て、自慰した者が堕ちる。

「多苦悩処《たくのうしょ》」——男色にふけった者が堕ちる。
「朱誅朱誅処《しゅちゅうしゅちゅうしょ》」——羊やロバと性交した者が堕ちる。
「何何奚処《かかけいしょ》」——近親相姦をした者が堕ちる。
「一切根滅処《いっさいこんめつしょ》」——女性に対し、肛門性交を行った者が堕ちる。

などがあります。

児童への性的虐待や、近親相姦、獣姦といった、今でも世俗で禁忌とされているものから、同性愛やオーラル・セックス、アナル・セックスといった、今ではさほど珍しくない性交のスタイルも、それを犯した者はそれぞれに対応した地獄に堕ちるとされています。裏を返せば、二千年前から、このような行為をしていた人がいる、という証拠でもあると言えましょう。

またオーラル・セックスにおいて、それを犯した女性だけが堕ちるとあるように、かなり女性差別的な記述が見られます。このあたりは、地獄も改訂版を出していかなければば、フェミニズムの人から糾弾されてしまいそうです。

この中のどこかの地獄に堕ちたとき、例えば友だちが「羊やロバと性交した者」というカテゴリーで苦しんでいるのを見たら、かなり気まずくなるでしょう。「あいつそんなことまでしたのか……」と、死んでからそれが暴露されてしまうわけですから。

また、周りに人がいないマイナーな小地獄に堕ちるのもキツイです。そこが混んでいれば、順番を待っている間に様子も見られるわけですが、空いているとほぼ獄卒とマン・ツー・マンの状態で、責め苦を受け続けなければいけません。これはかなりキツイと思います。

さらに、今の世相ともフィットする罪状の地獄もあります。

「受堅苦悩不可忍耐処《じゅけんくのうふかにんたいしょ》」――責任ある立場にありながら、その任務を途中で放棄して、責任を転嫁した者が堕ちる。

「異異転処《いいてんしょ》」――嘘をついて他人の事業を失敗させた者が堕ちる。

「火鬘処《かまんしょ》」――法を守る立場の人間が、それを犯し、あろうことか偽証までした者が堕ちる。

一つ目は、どこかの国の宰相を思い起こすような罪です。さらに三つ目は、警察官や弁護士、検事といった法を守る番人があてはまりますが、これも最近話題になった事件を想起してしまいます。

また中には、

「雨炎火処《うえんかしょ》」――象に酒を飲ませて暴れさせた者が堕ちる。

というように、古代インドならではの罪状も見受けられます。これは仏弟子のひとりである提婆達多《だいばだった》が、お釈迦さんに反抗して、「ナーラーギリ」という白象に酒を飲ませて襲わせたという故事からとられたのでしょうか。

傾向として、出家者が戒を犯した場合、あるいは在家者が出家者に悪行をそそのかしたり、迫害したりしたようなときには、特に重い罰が待っているようです。

まだまだ興味深い小地獄もあるのですが、キリがないのでこのあたりにしておきましょう。いかに細かく罪状によって、地獄が分かれているかが、お分かりいただけたかと思います。

生き地獄

このように、知れば知るほど地獄というのは怖いところであると思うと同時に、その怖がらせのパワーが今は弱くなっているような気がしてなりません。

その理由のひとつとして、「生き地獄」という言葉があるように、現世の方がより地獄であるという状況が挙げられると思います。

まさにシェークスピアが『テンペスト』で、

ああ、いま地獄は空っぽだろう。
地獄の悪魔がいまみんなここにきているのだから。

と嘆いたような状況です。

よほど地獄よりも現世の不況の方が怖いのでしょう。受験地獄にサラ金地獄、昔ならば交通地獄と言われるように、現世の地獄の方が恐ろしいと思われています。

今を生きるみなさんには、死後あの世でこの身にふりかかることを想像して怖がる、という余裕がないのでしょう。考え方として、不安を先延ばしにしてやり過ごす、という方法があっても私はいいと思うのですが、今が苦しくて先延ばしにする余裕がないのならば、それも仕方のないことです。それだけ現世が苦しい時代なのです。

このような不安を先延ばしにするインストラクター役を、ある時期まで宗教が担っていたはずです。それが特に日本で宗教全般の力が弱まるとともに、地獄の怖さ、あるいは極楽の素晴らしさをプレゼンテーションする力が弱まり、人々が不安を先延ばしにできなくなって、「今、ここ」の「生き地獄」に苦しむことになっているのではないでしょうか。

一九九八年以降、日本では自殺者が年間三万人を越えています。このことも、地獄の怖がらせのパワーが弱まっているひとつの証として挙げられます。

ちなみに自ら命を断った人が、どこの地獄に行くかは明言されていないようです。

いろいろな事情があって苦しみ、この世で生きる方が地獄だと思っている人が、死んで楽になろうと思って自殺する。その人たちがはたして地獄に行ったかどうかはわかりません。これだけ積極的に死を選ぶ人が増えてしまうと、本当に死後の世界があるのか、地獄なんてものがあるのか、みんな疑いの目を向けるのも無理のないことです。

とはいっても、あまり「地獄の怖がらせ」を強調し過ぎるのもよくありません。

そのあたりを考慮したのか、お釈迦さん自身は、死後の世界があるともないとも明言していません。そのような態度を「無記」と呼びます。「世界は有限か無限か?」「霊魂と肉体は同じか別か」などの難しい問いに、お釈迦さんは「YES」とも「NO」とも言わなかった。答えが出そうにもないことを議論するよりも、修行に励め、と言いたかったのだろうと思います。

後ろメタファー

地獄を怖いと思う気持ちは、生きているときの「後ろめたさ」という感情につながっています。

私はこの「後ろめたさ」という感情を象徴するものを、「後ろメタファー」と呼んでいます。

現代はこの「後ろメタファー」が弱い時代です。地獄の存在というのも、まさにこの「後ろめたさ」に付け込んでこそ機能するものなのに、今はそれが効いていません。

元祖地獄のハンドブックである『往生要集』がベストセラーになった平安時代、貴族は地獄の恐ろしさを知って衝撃を受けたはずです。どうにかして地獄に行かずに済むよう、財産を投じて寺や仏像を寄進するなど、生前必死で善徳を積むように努力しました。

このような「後ろめたさ」に付け込んで、仏教文化が発展したという穿《うが》った見方もできないことはないと思います。

その反動として、その後「即身成仏」や「天台本覚《ほんがく》思想」のような、生きとし生けるものには本来「仏性《ぶっしょう》（仏となる素質）」が備わっている、という考えが急速に広まっていったのではないでしょうか。地獄が怖かったからこそ、このような現世でそのまま悟ることができるという、地獄行きを免れない人々を安心させるような思想が広まっていったとも考えられます。

それが今や「後ろメタファー」が弱まっています。昭和の時代、特に植木等の「わかっちゃいるけど、やめられない」が流行っていた時代までは、確実に「後ろメタファー」が機能していました。

ジョン・レノンが「イマジン」で、「天国も地獄もない」と歌ったあたりから、その兆候が始まったのではないでしょうか。しかもジョン・レノンはその前に「ゴッド」という曲で、「僕はキリストもブッダも信じない」と歌っていますから完全に確信犯です。

私は「後ろメタファー」を否定しません。むしろそれこそが「創作の母」だと思っています。

というのは、「後ろめたさ」がまったくない人が、表現というものに向き合うとは思えないからです。「生れて、すみません」という太宰治のセリフは、究極の「後ろメタファー」ではないでしょうか。

私が勝手に「松本清張地獄」と呼んでいるものがあります。清張の小説には、確実に「後ろメタファー」が充満しています。女に手を出したとか、ふとした出来心で犯罪に手を染めたとか、人間の煩悩に終わりがないということを教えてくれます。

しかし、「後ろメタファー」が薄れていく時代になって、「愛人がいてどこが悪いんだ」と開き直られたら、清張の小説の醍醐味も半減します。

さらに最近になって、「理由なき殺人」と呼ばれるものが増えてきました。「理由なき」と言われたら、因果応報の仏教はもう太刀打ちできません。神も仏もありませぬ、ということですから。

宗教が苦手な理由

ここまで私なりに、日本人の宗教心が低下している原因を探ってみましたが、かく言う私も、信心や宗教心の厚い人間ではありません。あくまで仏教に興味を抱くようになったのは、繰り返しているように仏像に「グッときた」からであって、今でも特定の宗派に属していたり、どこかの神様を信じていたりするわけではないのです。

むしろこれまで私は、宗教を意図的に避けていました。

よく飲み屋とかで友だちが誰かのことを「あの人は良い人だけど、宗教に入っているんだよね」と、信心があることをネガティブに評価することがあります。「宗教に入っている人」＝「怪しい人」というイメージ、ひそひそと耳元で囁かれてしまうイメージが、どうしてもつきまといます。昔は私も「仏像が好きなんです」などと言うと、「あの人は宗教に入っている」とよく誤解されました。

なぜ、宗教が怖いと思うのか——。

自分なりに考えて出した結論は、その団体感です。

お釈迦さん個人の教え自体は、哲学や考え方として受け入れることができるのですが、「じゃあ信心はあるのか」というと、途端に尻込みしてしまいます。どうしても「信心＝団体行動」というイメージを抱いてしまうのです。

私は小学生のときから、クラブ活動に参加することはありませんでした。クラブだけではなくて、修学旅行に行くのも嫌で嫌でたまりませんでした。

それはなぜかというと、団体行動が怖かったという他ありません。スポーツが苦手だから体育会系のクラブに属さなかったという理由もありますが、似た考えの人が集まって、ひとつの目標に向かって頑張らなければいけない、という状態が非常に怖いのです。自由の根本は、「みんなちがって、みんないい」のはずで、マイナーな意見が潰されがちな団体というものがとにかく怖いのです。

文科系の人生を歩み続けると、群れるのが苦手になります。本来、宗教というのは文科系のイメージがあるのに、団体になった瞬間、体育会系的な要素が出てきます。

もちろん仏教にしても、教団としてまとまったからこそ、こうしてインドから中国を経て日本まで辿り着くことができた、ということはわかります。それはキリスト教でもイスラム教でも同じでしょう。

宗教に限らず、民族でも国家でも、団体としてまとまらなければ何ごとも進化しない、という事実を否定するつもりはありません。しかし、団体に属してみんなの意見に合わせるということに、どうしても抵抗があるのです。

「人はそれぞれだからいい」と思う人間は、団体にとっては厄介で、下手したら集団の足を引っ張ってしまう可能性もあります。しかし、人の考えはそれぞれで、それが自由であることの大前提のはずです。

「いや、〜」「でも、〜」と言わない

飲み会も三人ぐらいまでなら文句なく楽しいのですが、それが十人の「団体」になると、すぐに揉め始めます。十人ともなると、ひとつの意見が出るたびに、「いや、それは違う」とそれを打ち消す意見が出てきます。

もちろん「人はそれぞれ」ですから、反対意見を言うのが悪いということではありません。問題なのは、それが団体の中での自己主張、自己顕示欲に過ぎないことです。十人いると、そんなに親しくない人もいるし、盛り上がらないから反対意見が出て、ケンカが始まってしまいます。

団体の中で人の意見に合わせろと強制するのは、論外でしょう。

ただ、自分から人に合わせるというのは決して悪いことだとは思いません。その人が好きで、「あの人のためなら何でもする」と、「自分なくし」の状態になれば、それはとても慈愛に満ちた態度であり、微笑ましいものです。人間関係もきっと円滑にいくはずです。

団体に無理矢理所属するよりも、ひとりの人間に惚れ込めばいいのです。惚れている人ならば、たとえ説教されても素直に聞くことができます。

口癖が、「いや、それはさあ〜」とか、「でも、俺は〜」などで、「いや、」とか「でも、」とそれまでの話を否定するような接続詞を多用する人がいます。「いや、でもさ

〜」とわざわざ二つを重ねて、飲み屋で相手を論破しようとする人もいます。私もある時期から、この「いや、」「でも、」が気になって、せめて自分はやめようと意識的に我慢していたことがありました。これは「自分なくしの修行」の一環です。

「フグ・カニ・スッポン」というお布施

特にお酒の席というのは、みんなお金を払ってまで、自分の話を聞いて欲しくてたまらないのです。

昔、友だちに相談されたことがあります。彼は会社員で、小さな部署を任されていました。でも、そこの部署の人たちが、自分の話を全然聞いてくれない、というのです。

それを聞いて私は、「フグ・カニ・スッポンを奢ったことがあるの?」と質問したのですが、彼は「えっ、奢っていない……」と黙ってしまいました。

「フグ・カニ・スッポン」を奢らない奴に人はついてこない、というのが私の持論です。

居酒屋程度の勘定で人はついてきません。奢るわけでもなく、自分だけが言いたいことを言っていたら、人望を得ることができないのも当然でしょう。だけど「フグ・カニ・スッポン」レベルになれば、自分の話ばかりしていても構わないと思います。それだけの「お勘定」がついているのですから。

これを「お布施」と言うのではないか、と私は勝手に思っています。人の話を聞いてほしかったら、それ相応のお布施をしなければいけません。

私に相談してきた友だちは、早速それを実行したようです。するとやはり「話を聞いてくれるようになった」と言っていました。しかし、しばらくしてまた、「言うことを聞かなくなった」ようで、「何度も奢らなければダメだよ」と言うと、「一回じゃダメなのか……」とがっかりしていました。

日本仏教は「フリー・コンサート」か

似たような話で、同じように日本人は、宗教をタダだと思い込んでいる節があります。たった数十円のお賽銭を初詣のときだけ納め、数百円の絵馬を買うことで、「願い事」

が叶うと思っています。これは「フグ・カニ・スッポン」を奢らない会社の上司と同じで、それで現世利益を得ようというのではあまりにも虫が良すぎます。

イスラム教では収入の数パーセントを寄付するようなシステムがあり、キリスト教でも少なくない額を教会に寄付する熱心な信者は多い。仏教でも、東南アジアでは、托鉢をするお坊さんに進んで食べ物や衣服などを寄進しています。

日本人だけが、少ない投資で大きな利益を得ようと、虫のいいことを考えています。たとえ宗教であっても、ギブ・アンド・テイクの関係はゼロではありません。もちろん、いろいろ言われているように、やれ戒名料だ、お寺の修繕だといって、檀家からことあるごとにお金をむしり取ろうとするお寺は論外ですが。

そのことをコンサートに例えて考えてみましょう。有料のコンサートと入場料無料のフリー・コンサートでは、聞く方の集中力は格段に違ってきます。

お金を払ってそのバンドの「檀家」になれば、みんな元を取ろうと必死ですから集中して聴き入ります。演者にしても何とか楽しんで帰ってもらいたいと思うはずで、力を込めて演奏するでしょう。

けれど入場料無料のフリー・コンサートだと、お金を払っていない分、お客さんも横柄になっていて、演者の集中力も切れてきます。

今の日本の仏教は、ほとんどがこのフリー・コンサートのようなものではないでしょうか。つまり仏教をタダだと思っている。だから、聞く耳を持たない。お金がすべてではないですが、日本仏教の人気低下の理由のひとつに、このような意識が働いていることを挙げることはできるのではないでしょうか。

その点、新興宗教はいろいろな形でお金を払っているから、信仰にも布教にも熱心です。もちろんそれが、全財産を没収するような悪どいシステムのもとで成り立っているものであれば論外で、非難するべきです。ただ少なくとも、お金を払っているだけ彼らが自分たちの宗教に対して真面目なのは確かです。

仏教に「おもしろい」を取り入れる

先ほど宗教が怖い、という話をしました。その「怖くて強そうなもの」に、人間は敬意を表すことはありますが、どうしても「おもしろい」という感情が抜け落ちてしまいます。「おもしろい」と思われるものは、どこかゆるくて弱いのです。

おそらくお釈迦さんの時代は、まだ「おもしろい」というセンスがなかったのでしょう。しかし現代は、「おもしろい」を外して物事を考えられなくなっています。

それはどんどん進化して、最終的には「つまらないけど、おもしろい」というところまで来てしまいました。芸人を評して「スベリ芸」なんていうのがその最たるものでしょう。

「ゆるキャラ」というのは、まさにそういうものです。「ゆるいけど、おもしろい」です。その「ゆるい」という、従来マイナスに思われていた要素を、「けど、おもしろい」をつけることによって、一気に反転させるのです。

それはまた小さい頃から「弱かった」文科系の自分が、どうにか力を発揮できるように考えに考え抜いた、生きるための知恵でもあります。体育会系の場合は、「みんながおもしろいと思うことをする」ですが、文科系の場合は、自分から「おもしろい」を見つけなくてはいけません。

弱さ、ゆるさから来る「おもしろい」を、今後どうやって仏教に取り込むかというのは、人気復活への大きな課題だと思っています。

敷居が高いと思っていた仏教が、ゆるさや弱さを見せる。そうすると、「ここまで開かれたものになったのか」という安心感を、見ている我々は得ることができます。また、「おもしろい」には、「癒される」の要素も入っていますから、一石二鳥です。

「生きることは苦である」と説いたお釈迦さんが、もしも「おもしろいことが良い」と正反対のことをひとこと言っていたら、仏教も世の中も変わっていたかもしれません。

ただ「おもしろい」を簡単に考えてはいけません。「おもしろい」は大変難しいものです。それはそれで気持ちを引き締めてのぞまなければいけないのです。

人間けだもの。

これは仏教に限らず、親についても言えることだと思います。親を「怖くて強い」と思っている間は、なかなか距離が縮まりません。小さい子どものときには教育という側面があるので、それでいいのですが、どこかの時点で親のガードがゆるみ、弱さが見え隠れするくらいの方が、距離が縮まる感じがあります。そのように親を「おもしろい」と思えば、自然と愛おしいという感情も芽生えて、親孝行をしたいと思うようになるはずです。

私のマイブームのひとつに「親孝行プレイ」というものがありました。

これを言い出したのも、親を愛おしいと思い始めたのがきっかけです。親という存在は、たまには弱音を吐いたり、自分で弱さを演出してくれないと、子どもも「じゃあ、温泉でも連れてってやろうか」という気持ちにはなりません。いくら親の方から、「そろそろ親孝行してよ」と言っても、子どもは動かないものなのです。

それはお坊さんも同じではないでしょうか。いかにも真理をつかんだというような、苦虫を噛み潰したような顔をして説法されても、こちらは「ありがたく」は思っても、「愛おしい」とは思いません。そうした関係のままで良かった時代もあったかもしれませんが、「ありがたさ」をもう仏教に感じなくなってしまった今のような時代、少しは方向性を変えていってもよいと思います。

やはりお坊さんとて人間です。弱いところもあるはずなのに、偽善ぶっていつまでも偉そうに説法しているのでは、ファンはついてこないに違いありません。

書家の相田みつをの有名な言葉に「人間だもの」というものがあります。

これに「け」の一字を入れると、「人間けだもの」。

「けだもの」だからといって、それがすべて悪いわけではありません。

お坊さんとて、「人間けだもの」の自覚をもって、「弱さ」や「おもしろい」を積極的に取り入れてみてはいかがでしょうか。その上でそれをどう制御していくか、そのことを考えるのが宗教だと私は思います。

第五章　ご機嫌な「菩薩行」

「機嫌」の由来は仏教から

「機嫌」という言葉があります。

「機嫌を取る」「機嫌をうかがう」「機嫌を直す」。あるいは、「ご機嫌よう」「ご機嫌いかがですか」といったように、相手の様子をたずねる挨拶としても使われます。

「機嫌」という言葉自体は、「人の気持ちや気分。時機。都合」という意味があると辞書にはあります。


この言葉がもともと仏教用語だったことをご存知の方は、さほど多くないでしょう。


しかし仏教における「機嫌」は、言葉の意味がだいぶ違ってくるようです。

「人々がそしりきらい、不愉快に思うこと」

もともとは「譏嫌」と書くようで、「譏《そし》り嫌うこと」ですから、かなりネガティブな意味だったようです。

その由縁は、修行に励むお坊さんたちが、世間から「譏り嫌わ」れないように、「譏嫌戒」という戒律を設けたところにあるようです。「暴飲暴食をしない」など、世間様からお布施をいただくことで修行ができていることを、お坊さんたちが忘れないように厳しい戒律をつくったのです。それを破り、世間様の顰蹙を買えば、修行生活を営むことはできないからです。

この「譏嫌」が、やがて「機嫌」と記されるようになり、「人の気持ちや気分」という意味に転用されていったようです。

機嫌ブーム

最近、この「機嫌を取る」ということの重要性についてよく考えます。

「人のご機嫌を取る」ということは、ご機嫌にいいことではないかと思うのです。

「人のご機嫌を取る」というと、「あいつは人の顔色ばかりをうかがっている」と、悪い意味にとらえられることもあります。しかし、家庭でも恋愛でも、人間関係が上手くいっていないときというのは、得てして相手の機嫌を取ることを怠っているときです。「相手のことを思って行動する」のは、人間関係の基本です。相手の機嫌をちゃんと取って、「ご機嫌」になってもらえば、回り回ってこちらの「機嫌」も良くなります。「機嫌を取る」ブームが起きれば、世の中少しはマシになるのではないでしょうか。

人の機嫌を取っているだけだと、「あいつは調子がいい」などと言われがちですが、人の機嫌を気にして生きていくことが、そんなに悪いことだとは思えません。「ご機嫌を取る」と似たような言葉に、「相手の身になって考える」というのがあります。しかし「相手の身」というものが本当はどういうものかわかるはずもありません。あくまでこれは「自分の考える相手の身」です。しかし「ご機嫌を取る」であれば、これは「相手の身」にならなくてもできるはずです。

なかなかそう上手くいかないのが人間ですが、それも「修行」だとあきらめて、人の機嫌を取ろうではありませんか。

例えば、「家のゴミを出してきて」と妻に頼まれた場合。「そうすれば妻が喜ぶのだから、ご機嫌を取るためにやろう」と思うか、「何で俺がゴミを出さなきゃいけないんだ」と思うか。

そもそも「機嫌を取る修行」を普段からしていれば、口ごたえもしないだろうし、妻に言われる前からゴミを出しているかもしれません。

人にご馳走するのも、機嫌を取る修行のひとつでしょう。恋愛にしても、女の子の機嫌を何とか取ろうと努力することであり、育児というものは、子どもの機嫌を取ることです。

いずれの場合も、トラブルが起きるのは、相手の機嫌を取ることを怠ったときばかりです。

お坊さんにしてもそうでしょう。檀家さんの機嫌を伺い、機嫌を取っていかなければ、お布施をするだけの檀家さんも気分が悪いし、「お坊さんは葬式のときだけいればいい」なんて陰口を叩かれてしまうのです。

ただ、「ご機嫌を取る」のが、ひとりだけの修行だと結構辛いものがあります。自分だけが、人に奢り、人の話に耳を傾け、ゴミを出すばかりでは、どうしても「何で俺だけ」という禁句が出てしまいがちです。

ですから、「ご機嫌を取る」には、「コール・アンド・レスポンス」がもっとも重要になってきます。

それにしてもなぜ世の中では、「あいつはご機嫌取り」なんて、悪い意味で使われるようになってしまったのでしょうか。まさか「譏り嫌うこと」という語源となった仏教用語のネガティブな意味を、みなさんが知っていたとは思えませんし、そこまで仏教の影響があったとも考えにくいところです。

「ご機嫌取り」と言えば、「誰にでも良い顔をする奴」と、どこかバカにされている感じが否めません。しかしよく考えれば、人より気が利くということですから、悪いことではないはずです。

かつては「男は黙ってサッポロビール」。三船敏郎が出演したコマーシャルのように、他にも「不器用ですから」の高倉健のように、自分から機嫌を取りにいかない方が格好良い、とされる時代がありました。それを世の男性は憧れ真似するようになって、進んで「ご機嫌を取る」ことを考えなくなってしまったのではないでしょうか。

しかしそれは、それなりのルックスや力量が伴わなければ成立しません。誰もが真似できるわけではないのです。

飲み屋でもよく「家に帰ると、女房の機嫌が悪くてさあ」という発言が聞こえてきますが、その理由ははっきりしています。日ごろ、その人が奥さんの機嫌を取っていないからです。そう発言した人間が当事者なのは明白なのに、「機嫌が悪くてさあ」と言うとき、どこか他人事で無責任な感じが付きまといます。つまり責任はすべて相手にある、という態度です。

そのようなとき一番いけないのは、「何でこの俺がそんなことしなきゃいけないんだ」というものです。

「何でこの俺が」という禁句

この「何でこの俺が」という言葉。

それは「ご機嫌界」で一番の禁句です。

このときの「何でこの俺が」という言葉には、様々な意味が込められています。「もう中学生でもないのに何で俺が」とか、「こんなに頑張って仕事をしている俺なのに」とか、「俺はアーティストなのに」とか、「俺」に込められた意味は様々です。それが大概の怒りの原因です。

「もう中学生でもないのに、何で俺がガミガミ言われなければいけないのか」

「こんなに頑張って仕事をしている俺なのに、何でこんなに小遣いが少ないんだ」

「俺はアーティストなのに、何でこんなことをしなければいけないのか」

気になるのは、その「何で俺が」と言うときの「俺」というのは一体何なのだろうかということです。

「何でこの俺がグリーン車じゃないのか」

これもたまに聞かれるセリフです。

ならば逆に「グリーン車に乗るお前」は何なのか、自分に聞いてみましょう。あくまでチケットを用意してくれた人が、諸事情を考えて「この人はグリーン車ではない」と判断しただけのこと。その人の判断が違っていることに腹を立てているということになります。

これまで、毎回グリーン車に乗っていたかもしれないし、たまたま三、四回乗っただけかもしれない。しかし一度でもそういう経験をすると、人は愚かなもので、永遠にそれが続くと思い込んでしまうものです。

これに似た傾向として、「何か俺の周り、どうしようもないバカばっかりなんだよね」と言う人がいます。しかし「自分もその中の一人である」ということが、なぜかその人には見えていません。「今日の京都は混んでいるな」というのも同じです。自分がその中の一人であり、原因であることが見えていないのです。

また、「何で俺が」と似たニュアンスの言葉に、「この私としたことが」という言葉があります。よく年配の方が口にする言葉ですが、同様にその「この私」とは何なのか、という疑問を抱かざるを得ません。最近の若者の「俺的には」もそうだし、タクシーでよく聞く「俺に言わせりゃ」というのも同様ですね。

小乗的な「自分探し」と大乗的な「自分なくし」

そのときの「俺」や「私」というものが一体何であるのか――。

先にも述べましたが、いくら「自分探し」をしても、その答えが出るはずがありません。いつの「俺」かも、どの「私」かもわからないわけですから。

それよりも、「自分をなくす」方が、はるかに具体的な解決になるはずです。

つまり「機嫌を取る」＝「自分なくし」なのです。

「何で俺が」をやめて、相手の機嫌を取ることを考えた方が、人間関係がスムーズにいくことは明らかです。しかしこれは大変な「修行」です。けれど、人に喜ばれることは間違いありません。

「修行」にしても、自分のためだけではなく、人に喜ばれた方がいいはずです。なぜなら、自分のためだけに修行をした場合、どうしても「ここまでしたのに……」という、またよくわからない「ここ」が出てきてしまいがちです。

これが、自らの悟りを求める「小乗仏教」と、利他を目指す「大乗仏教」の違いのひとつではないかと思います（実際の小乗仏教と大乗仏教の二つが、そう簡単な理由だけで分けられるものではないとは思いますが）。

大乗仏教における「利他」を象徴する存在として、「菩薩」がいます。菩薩というのは、大乗仏教のシンボル的な存在で、「悟りを求める」と同時に、人々を教えに導く役割を担っています。

「自分だけ悟ればいい」という、小乗仏教的な「修行」を目的とするならば、「自分探し」を心おきなくすればいい。

しかし「人に喜ばれたい」という、大乗仏教的な「菩薩行」を目指すならば、「自分をなくし」て、人の「機嫌を取る」ことを考えるべきです。

言葉ではそう簡単に言えますが、これは本当に大変な「苦行」です。私もこのことを意識して、「修行」に挑戦してみましたが、それはそれは辛い日々でした。修行が達成できたとは口が裂けても言えません。

それでも修行をする前よりは、確実に他人が優しく思えたし、その善意が好循環して、結果は決して悪いものではなかったと思います。

かなりの苦行であることは間違いありませんが、この「ご機嫌を取る」ブームが起きれば、少しは住みやすい世の中になるのではないでしょうか。

僕滅運動

当然「ご機嫌を取る」にも、その人の才能が左右します。苦手な人もいるし、自然にできてしまう人もいます。世に言う「愛されキャラ」というのは、どの時代にもどの世界にも存在します。

豊臣秀吉は、織田信長の「機嫌を取る」天才でした。比して明智光秀は、その才能がなく、主君に反旗を翻したあげく、天下を取ることができず自身の身も滅ぼしました。

難しいのは、「機嫌を取る」ふりをしながら、ひそかにキックバックを求めてしまうことです。「相手のためにこれだけ尽したから、きっとこれだけの報酬を得られるはず」というものです。

別に報酬を求めるのが悪いことだとは思いません。しかし、それが目的になってしまうと、どこかに綻びが生じてしまうものです。

恋愛で「君のためなら死ねる」と、究極の「大乗仏教」のようなことを言ったとしても、ひそかに下半身を熱くさせていたり、「会社のために馬車馬のように働きます」と言いながら、ボーナスの計算をしていたり……。

残念ながら人間は弱いもので、どうしてもキックバックを求めてしまいます。しかし「ご機嫌界」では、「修行が足りない」ということになってしまうのです。

この「自分をなくして、相手の機嫌を取る」行為、これまで「修行」と呼んでいたものを、私は「僕滅運動」と呼ぶことにしました。

「僕滅運動」をすることで、世界平和までは無理でしょうが、「周囲の平和」ぐらいまではかなり実現できると思います。

お釈迦さんに、「捨身飼虎《しゃしんしこ》」と呼ばれる有名なエピソードがあります。お釈迦さんの「前世時代」をあらわした「ジャータカ」にある話です。ある日、崖から下を見下ろしたお釈迦さんは、そこに飢えた虎とその子どもが七匹いるのを見つけました。お釈迦さんは、躊躇《ためら》うことなく崖から飛び降りて、その身を虎たちに捧げたという話です。

これこそが究極の「僕滅運動」です。究極の「ご機嫌取り」です。

なかなかここまでの「僕滅運動」は、我々凡夫にはできないと思います。

けれど前章で述べたように、飲み会の席で「いや、～」とか「でも、～」を言わない、というのも、ささやかながらも大切な「僕滅運動」だと思っています。できるだけ、「なるほど」とか「そうだね」と言って話を受けた方が、圧倒的に感じがいいものです。

ただ前提として、このような修行は好きな人の前でやるに限るということがあります。

これを嫌いな人相手にもしなければいけない、というのは相当な「荒行」です。これができる、お釈迦さんやお坊さんは本当の「聖人」です。

「自分病」を乗り越えて、いかに大乗的な菩薩行である「僕滅運動」に至ることができるか――。

利他を目指す菩薩行は、かくもハードなものなのです。

「マイブーム」という接客行

今は当たり前になった「マイブーム」という言葉があります。一九九七年には新語・流行語大賞にも選ばれました。

『現代用語の基礎知識』にも、「若者語の一つで、自分が密かに気に入っていること。『穴のあいた靴下を重ねてはくのがマイブームなのよね』などという。個人的な好みを〝自分の中の流行〟と言い換えるライフスタイル。造語者はみうらじゅん」と掲載されています。

これまでの私の人生の中で、数え切れないほどのマイブームがありました。少年時代の怪獣ブーム、仏像ブームに始まり、ゆるキャラ、カスハガ（註　B級デザインの葉書のこと）、とんまつり（註　〝とんま〟なお祭りのこと）、いやげ物から、最近の地獄ブームに至るまで、これまで数限りない「マイブーム」が私の体を通り過ぎていきました。

世間は私のマイブームぶりを見て、「あの人は好きなことばかりやっている」「楽しそうでいいですね」と思われたことでしょう。これはとんでもない誤解ですが、楽しそうに見えるというのが私の職業なので仕方ありません。実際は、毎週のようにマスコミの人から、「みうらさんの今のマイブームは何ですか？」と聞かれ、毎回、無理矢理答えてきました。

「天狗です」とか「ゴムへびです」と答えるのですが、言ってしまった以上は、調べて集めて好きにならざるを得ません。

では、何のためにそれを苦しんでまでやっているかというと、それはやはりお客さんに喜んでいただくためです。「またバカなことにはまっている」と思ってもらいたい一心で、「次のマイブームはこれです！」と発表し続けてきました。

つまり、「マイブーム」もご機嫌を取る修行であり、「利他」＝大乗仏教的な行為なのです。

他人の目には、極めて「自利」＝小乗仏教的なものと映るかもしれませんが、私にとって実は全く正反対のものだったのです。

これは別に私の「マイブーム」に限らず、音楽でも文学でも美術でも、「何かを発表する」という「自分売買」を伴う行為は、すべて「機嫌を取る」ことから逃れられないと思います。

「お客さん」という他者が存在する限り、彼らの機嫌を無視してはいけません。それは表現というものの根本にあるものではないでしょうか。「人に何かを見せたい」という気持ちと、「ご機嫌を取る」という気持ちにさほど違いはないのです。

しかし考えてみれば、どんな仕事でも「機嫌を取る」行為から免れることはできません。

キャバクラ嬢やフライトアテンダント、レストランのウエイターさんといった接客業をはじめ、サラリーマンやＯＬも、部下は上司の、上司は社長の、社長はお得意先の……というように、「ご機嫌うかがい」は無限にループしていきます。

人間はみんな「接客行」なのです。

「自分なくし」は生きるテクニック

ところが人間弱いもので、他人の機嫌を取り過ぎていると、落ち込むこともあります。機嫌取りのマイレージが貯まると、「なんで俺は他人のことばかり考えているんだろう」「俺がどんな気持ちでお前たちの機嫌をとっているのかわかるか」というような禁句を、楽屋裏でついつい漏らしてしまいます。

「楽しそうでいいですね」と言われると、むきになって「楽しくないです」と答えた時期もありました。お客さんに喜んでいただくためとはいえ、「好き勝手にやって楽しそう」というイメージばかりが独り歩きしてしまうのは、なかなかに辛いものがあります。

思わず、修行が台無しになるような一言を漏らしてしまいたくなるときもありました。

また、この自分についてのイメージというものが厄介で、そのイメージに自分を必死になって合わせようとしている状態が続くと、「何で俺はこんなことまでしなければいけないのか」と愚痴のひとつも言いたくなってきます。

あくまで私がしているのは、辛いことも楽しそうに見せなければいけない仕事なのです。「楽しそう」と思われるようなことを話す、そう話すことで自分の脳を騙して、自分も楽しくなる。それはあくまでテクニックであり、自分そのものではありません。その部分だけが私のすべてではないのです。

というのも年を重ねると、自分はたいした奴じゃないという自覚が強くなってきます。しかしそれに反比例して、立場は少しずつ良くなってくるものです。学生のときからやっていることは変わらないのに、話を聞いてくれる人が増えてきます。しかし、当の本人は自分のことをたいしたことないと年々思うようになります。

結局、「自分探し」が行き着く先もここです。思っていたよりたいしたことのない自分を見つけてしまう。それを認めるか認めないか。人によってそれは違ってくると思いますが、たいしたことのない自分を認めるというのは、誰にとっても悔しいことです。人によっては傷ついてしまうかもしれません。

必死になって自分を探した結果が、「たいしたことない」では浮かばれません。そんな徒労を重ねるよりは、早く「自分をなくす」方法を身につけた方が、他人の機嫌も取れるし、回り回って自分も得をします。

だからか、私は昔からものまね芸人が大好きです。「自分をなくす」ということと、「ご機嫌を取る」ということが、彼らは同時にできているからです。ものまねというのは、「自分なくし芸」と言ってもいいでしょう。たまに半ば素人が、中途半端なものまねをするのを見かけることがありますが、目も当てられないぐらいひどいものです。

なぜならそれは、「自分をまだキープしたままの〝ものまね〟」だからです。

「自分探し」よりも「自分なくし」。

これこそが、生きる上での大事な心構えなのです。

第六章　いつも心に「マイ仏教」を！

お釈迦さんの初説法

私も五十歳を過ぎましたが、まだまだ悩み苦しむことが多くあります。

お釈迦さんは、「人生は苦である」と説きました。

そして、その〝苦〟と向き合いながら、いかに生きていくかを、人々に説きました。

仏教の教えというのは、とどのつまり、このことに尽きると思います。

お釈迦さんは、代表的な〝苦〟をいくつかの種類に分類して、説明しています。

まずは「生老病死」です。第三章で「四門出遊」の故事を引きましたが、そこで見た「老病死」に加え、生きていること、つまりこの世に生まれること自体が「苦」であるという「生」を加え、「四苦」としています。

さらにお釈迦さんは、

――愛別離苦（愛する人と別れる苦しみ）
――怨憎会苦《おんぞうえく》（イヤな奴と会わなければいけない苦しみ）
――求不得苦《ぐふとくく》（不老不死や求めるものが手に入らない苦しみ）
――五蘊盛苦《ごうんじょうく》（心あるところ、物あるところ、世界の一切にある苦しみ）

の四つを加え、「四苦八苦」としています。

そしてこれら〝苦〟の原因を見つめ、それを乗り越えていく道筋を示したものを「四《し》諦《たい》」と呼びます。「諦」は「真理」という意味ですから、「四諦」とはつまり「悟り」へと至る方法論を示したものと言えるでしょう。

「四諦」は、

①苦諦（人生は苦であるという真理）
②集諦《じっ》（苦はなぜ生じるのか、その原因についての真理。具体的には、煩悩が苦の原因であると知ること）
③滅諦（苦が滅して、その縛りから解放された境地のこと）

④道諦（苦を滅し涅槃に至る方法のこと）

と説明されています。

さらに、「道諦」にある涅槃に至る方法として、「八正道《はっしょうどう》」があります。

①正見（正しい見解）

②正思（正しい思惟）

③正語（正しい言葉）

④正業（正しい行い）

⑤正命（正しい生活）

⑥正精進（正しい努力）

⑦正念（正しい思念）

⑧正定（正しい精神統一）

「四諦」と「八正道」はいずれも、「初転法輪」と呼ばれる、お釈迦さんの最初の説法で説かれた、いわば仏教の基本中の基本であります。

欲望という厄介なもの

このようにお釈迦さんの教えというのは、実に明快で合理的なものです。「人生は苦である」と説き、その原因は何かを考える。そして「集諦」にあるように、苦が生起するのは、煩悩すなわち欲望があるからと、『スッタニパータ』という初期の経典でも言い切っています。

「妄執は苦しみの起こる原因である」

実に単純明快な教えです。

しかし同時に、欲望を断ち切れ、というのは非常に厄介であると思わざるを得ません。というのは、欲望がなかったら、人間は何事も行うことができないのではないかと、私のような凡夫はどうしてもそう考えてしまうからです。煩悩を断ち切らないと涅槃に到達しない、というのが、お釈迦さんの教えであり理想なのはわかるのですが、それを実践するとはどういうことか、考えれば考えるほどわからなくなります。

そもそも「苦を脱して涅槃に到達したい」というのも欲望ではないのか。これについてはどう考えられているのでしょうか。ぜひこのあたりのことを知りたいと昔から思っているのですが、「答え」にあたるような話をいまだかつて聞いたことがありません。

お釈迦さんの教えとは正反対になりますが、欲望をキープ・オンし続けることも意外と難しいのではないかと、五十歳を過ぎて思うようになりました。

欲望も体力とともに落ちてきます。若い頃はモテたくてしようがなかったのに、歳を取り結婚して子どもができると、もはやモテたいとはなかなか思わなくなってきます。欲が枯れて、枯淡の境地に達するというのも、カッコいい生き方だとは思います。

しかし一方で、欲望というのは人間を走らせる駆動力でもあります。それが枯れるというのは、ガス欠した車のような状態になることであり、そのことこそ「苦しい」と思う人も少なからずいるはずです。

欲望にまみれて突っ走っている人間には、怖いものがありません。突っ走れなくなったときに初めて、恐怖を感じ始めます。例えば、三十年以上サラリーマン生活をおくり、それなりに突っ走ってきた人が定年を迎えて、はたと人生の目標を失ってしまう、というようなときです。

たまに五回も六回も結婚や離婚を繰り返す人がいますが、その「懲りていない」状態というのは、なかなか常人にはできることではありません。

「ホビー教」の話を前にしましたが、アイテムやグッズを集めている最中というのは調子がいいものです。しかし「コレクションもいつか散逸する」と諸行無常を感じた途端に、物を集めるのが空しくなります。

「欲望の中折れ状態」ですね。

欲望すらキープ・オンすることは難しく、それもやがて終わりを迎えて（＝中折れ）しまいます。

しかし我々は、実際に「中折れ」するまで、欲望に終わりがくることになかなか気づきません。

若い頃はお金があれば幸せと思っていても、ある程度年がいくと「そこそこでいい」

ということに気づき、下手したら若い人に「幸せはお金で買えないよ」と、さも悟ったかのように説教までしてしまうこともありますから。

「調子に乗る」は悪いことなのか？

「調子に乗っていると、いつか痛い目に遭う」というのが、仏教的な因果応報の教えだと思うのですが、絶好調さえキープできれば、問題はないかもしれません。

「いつかは絶好調ではなくなる」という前提があって、はじめて因果応報が効いてきます。絶好調の状態が、どうしても体力が落ちるとか、いろいろな原因で「中折れ」してしまうと、他人の機嫌を取る余裕もなくなり、自分の調子も落ちるという、負のスパイラルに陥りがちです。

また「調子に乗り過ぎている奴」に対して、世間様の目はなかなかに厳しいものがあります。マスコミなどに持ち上げられて調子に乗っているときはいいのですが、少しでも下降線を辿ると、「ほら見たことか」の大合唱。手の平を返したようにバッシングが始まります。

この辺りのバランスの取り方が、非常に難しいのです。

この世は諸行無常で因果応報だということを知ってしまうと、ついつい慎重になってしまい、調子にも乗り辛くなります。悪いことをすると自分に返ってくる、ということを知ってしまうと、ついつい調子を落としてしまいます。

調子に乗りすぎてもダメだし、他人に優しくし過ぎても窮屈に感じてしまう。どうしても若い頃は何事も「し過ぎ」なので、そのあたりの匙加減がわからないのです。

「絶好調」か、それとも「人に優しく」か――。

仏教のいう「中道」、つまり「ほどほど」というのは本当に難しいことです。

文化は欲望から生まれる

そもそも文化と呼ばれるものには、欲望が必要です。

「カッコいい」ものを作りたい、という欲望のないものが、後世まで残るはずがありません。

「みんなバラバラで、それがいい」という価値相対化の時代になると、どれが「カッコいい」の一等賞なのか、判断しづらくなります。つまり「みんな平等」というお釈迦さんの言うことを全面的に認めると、文化というのは生まれにくくなるのではないでしょうか。

仏教の教義を体現している仏像にしても、その時代時代の「カッコいい」があったからこそ、阿修羅像のように千年経っても老若男女にキャーキャー言われるわけです。そのことを私は否定できません。

貴族の寄進によって建立された、平等院鳳凰堂のようなお寺にしても、極端に言えば、貴族と庶民との間に大きな格差があったからこそ、あれだけのレベルのものができたのではないでしょうか。

文化は欲望からしか生まれない——。このことについて、お釈迦さんはどのようにお考えになるのでしょうか。

そもそも「文化を残す」という考え方自体が執着そのもので、諸行無常に反するのかもしれませんが、数百年の時を経て残った仏像やお寺に夢中になって仏教に興味を持った身としては、少なくともそこは否定できないと思うのです。

死ぬのは苦しいことなのか？

この章の冒頭で「四苦」についてお話ししました。そのうち、「老病」はとにかくとして、「生死」というのは、はたして苦しいものなのかという疑問があります。

自殺は生きるのが苦しいと思った人がするのかもしれませんが、それ以外で死んだ人が「幸せか不幸か」という問いは、「死人に口なし」という言葉があるように、わからないはずです。

それよりも苦しいのは、残された者でしょう。けれども「自分の死」というのはそんなに悲しくて苦しいものなのでしょうか。それが本当に悲しいことかどうかは死んでみないとわからないし、これまで死んだ人が「あのときは悲しかった」と語ったことはありません。

死というのがそれほど苦しいものなのか、最近わからなくなってきました。もちろんできるだけ長生きしたいとは思います。でもそれは「死ぬのが苦しいからイヤだ」という理由なのかどうかは正直わかりません。

私は、当然のように自分が死んだら必ずお葬式をしてもらいたいと思っていました。パーティというと不謹慎ですが、みんなが自分のために集まってくれて、しかも涙を流して、私の思い出などを語ってくれる。若い頃はそのように思っていたのですが、しかしよく考えてみると、そこに「私はいない」のです。

そんな「千の風になって」のようなことに気づいてからは、生きているうちにいろいろと自分の葬式のことを決めておこうと考えました。

「弔辞は誰に述べてもらうか？」

「戒名はどうするか？」

「香典返しは何にするか？」

生前さほど親しくなかった人に弔辞を述べられるのだけは避けたいところです。その弔辞の原稿も生きているうちに見せてもらって、自分で赤字を入れて修正しておくということまで考えました。戒名も自分で考えておきたいものです。

むしろ死ぬことより怖いのは、その死に方です。

病気でボロボロになって延命治療を施されて生きるというのは、やはり辛い。それも残される者が希望するなら仕方のないことかもしれませんが。

でも、「残される者のために……」というのは、そもそも「守りに入っている」わけで、お釈迦さんは全てを捨てて、「守りに入っちゃいけないよ。それだと執着が生まれてしまうから」と説いているわけですから、これは本当に難しい問題です。

「守りに入る」とか、リスクを減らすとかすれば、それは苦しみを減らすことにはなるかもしれませんが、お釈迦さんは「それはずるい」と許さなかったのでしょう。「あいつ守りに入っているな」というセリフは、二千五百年前にお釈迦さんがいろいろな人を見て思って言ったセリフだったのではないでしょうか。

お釈迦さんも妻や子どもを捨てて出家して、それはやっぱり苦しかったのだと信じたい。苦の種類のひとつとして「愛別離苦」を挙げているのがその証拠ではないでしょうか。お釈迦さんにも多少の「後ろメタファー」があったはずです。

「子育て」というのはそれだけで結構な「修行」です。おむつを替えたり、幼稚園まで送り迎えしたり、飲んで遅くなった次の日も朝から一緒に遊んであげたり……。子育ても十分「機嫌を取る」修行になるはずです。

仮にお釈迦さんが結婚生活も子育てもキープした状態で、悟りを得たら、その後の仏教も大きく変わっていたかもしれません。

お釈迦さんだけが考えた

それまで人は、「生きて死ぬのは当たり前」のことだと思っていて、その意味や理由について全く考えていなかったのに、お釈迦さんだけが家族や子どもを捨て、苦行をしてまで、その意味について考えざるを得なかったのかもしれません。お釈迦さんも、ボブ・ディランのように「どんな気がする？（How does it feel?）」と自分で自分に問いかけ、その結果、ついに菩提樹の下で悟りを開きました。

「なぜ生きているのは苦しいのか？」

「苦しみの原因は何なのか？」

「それをなくすためにはどうすればいいのか？」

という誰も真剣に考えていなかったことを、お釈迦さんだけは考えに考え抜いたのではないでしょうか。

周りからは、「そんなことよりお前、家族を大事にしろよ」とか、「王国の跡継ぎなんだから、ちゃんと国を治める努力をしなさい」とか、さんざん言われたはずなのに、それでもめげることなく考え続けたのが、お釈迦さんなのかもしれません。

お釈迦さんが生きた時代から、二千五百年も経つと、「そもそもの始まりは何か」ということを考えにくくなりますが、その出発点は「誰も疑問に思わなかったことについて考えた」という、案外シンプルなものかもしれません。

第三章で触れた、「四門出遊」の故事にしても、普通の人間ならば「あっ、おじいさんがいるな」でスルーしてしまうはずです。それが、それを見て「なぜ人は年を取るのか。そして私もいずれ……」と、普通はお釈迦さんのように考えるでしょうか。

愚かなる凡夫はみずから老いゆくものでまた、老いるのを免れないのに、他人が老衰したのを見て、考え込んでは、悩み、恥じ、嫌悪している。われもまた老いゆくもので、老いるのを免れない。自分こそ老いゆくもので、同様に老いるのを免れないのに、他人が老衰したのを見ては悩み、恥じ、嫌悪するであろう。

（「アングッタラ・ニカーヤ」『ブッダの道』二〇〇八年、学研）

比較三原則

お釈迦さんが考えたことは、いつの日か言葉として定着しました。

執着という言葉も、縁起という言葉も、涅槃という言葉も、それがいつからあった言葉かはわかりませんが、その言葉が教えとして定着した瞬間から、すべてが始まりました。

当然ですが、言葉がなければそもそも人に伝えることはできませんし、みんなが当り前に思っていたことでも、それはあくまで「思っていたこと」であり、言葉にならなければ、広まることはありません。

「仏像ブーム」という言葉も、「ゆるキャラ」という言葉も、それまでその言葉が示すような現象や存在があったとしても、言葉を与えられなければなかなか実体化していきません。しかし不思議なもので、言葉として定着した瞬間、一気にその実体が目に見えるようになってきます。

裏を返すとそれは、言葉というものがいかに怖いものかという証拠でもあります。

言葉というのはとても便利で、それがあったからこそ人間はここまで進化してきましたが、一方では悪い影響も人間に与えてきたはずです。どうしても人間の脳というのは、言葉に弱くて、言葉に洗脳されがちです。また、言葉があるから基準もできて、基準があると人は他のものと比較してしまいます。

人間は弱いもので、常に自分を他人と比較して生きています。また比較しなければ、自分が今どのような位置に立っているかを自覚できないものです。

良いか悪いか。

カッコいいかカッコ悪いか。

おもしろいかおもしろくないか。

幸せか不幸せか——。

この世にいるのが自分だけだとしたら、比較もしないし、もしかしたら苦しみも生まれないかもしれません。他人がいて、それを比較する言葉があって、はじめて自分の立っている位置を認識します。比較ができるからこそ人類は進歩したのかもしれないし、比較こそが苦しみを生む原因なのかもしれません。

これを「比較三原則」と私は勝手に呼んでいます。

〝他人と過去と親〟。この三つと自分を比較してはいけないのです。

でも、上手に「比較三原則」を意識すれば、気が楽になることもあると思います。

例えば「なんで俺はこの年になってこんなことしているんだろう」と思ったとしましょう。そう思う理由は、誰かと自分を比較しているからです。「比較するから落ち込んでいるんだ」と自覚した瞬間、意外と「なんで俺は～」という気持ちは減っていくかもしれません。

悩みの根源が比較にあることに気づくことで、楽になれることも多いはずです。むしろそのことに気づかないままでいる方が、圧倒的に苦しい。

「庭付きの家に住みたい」

「あいつの嫁さんキレイだな」

どうしても人は自分と他人を比較してしまいます。その結果、苦しみを増しているのではないでしょうか。

お釈迦さんが、「諸行無常（すべてのことは変化する）」や「諸法無我（この世に実体はない）」という教えを説いたのも、このような比較の苦しみ、つまり「比較三原則」に早く気づきなさい、ということなのかもしれません。この世界が諸行無常で諸法無我なのだとしたら、比較しても仕方ないし、そこに優劣はつかないことになります。

先に述べたように、お釈迦さんが地位や家族を捨てて出家したのは、守るべきものを持つべきでないと考えたためではないでしょうか。守るものができると、どうしても他と比較してしまいます。結果、欲望や執着も出てきてしまいます。

そこがいいんじゃない！

言葉があることが原因で、他人との比較を生んでしまい、それが苦しみの原因だとするならば、それを逆手にとって、言葉を上手に使ってポジティブになれる方法もあるのではないかと思います。

私はどんなに辛いときも「そこがいいんじゃない！」と思うようにしています。

私が「マイブーム」と呼んでいるものは、出会いの瞬間からそれが好きになってハマっているわけではありません。「これは一体何なのか？」という「問い」がまずあり、それについて考え抜くところからスタートしています。

そのように考え続けて、ようやく出口近くにさしかかろうという瞬間に出てくるのが、「そこがいいんじゃない！」というフレーズです。

それは文字通り、その対象を好きになりかける瞬間でもあります。

先ほど、言葉が脳を洗脳していくという話をしましたが、「そこがいいんじゃない！」と唱えることで、段々とその対象を好きになっていきます。考え続けて苦しい状態も少し楽になってきます。

このように、「そこがいいんじゃない！」と発声する訓練をしておくと、そう発言した瞬間から、脳が「そうなんだ」と思い始めてくれます。人間はいつも脳主導で動いているように見えますが、このように言葉を無理矢理にでも発することで、その〇・一秒後に脳がついてくる、ということに気づきました。

これは言葉からの解放かもしれない、と逆説的に思うこともあります。普段、脳は先輩面していますが、たまには先輩を困らせてみるのも一つの手ではないでしょうか。

思ってもいなかったことを発言した瞬間、間違いなく先輩の脳は戸惑っています。でも、先輩の脳も頭が良いので、すぐに飲み込んでくれるのです。

自分だけの念仏を唱える

この「そこがいいんじゃない！」は、自分にとっての念仏みたいなものです。

私の「南無阿弥陀仏」が、この「そこがいいんじゃない！」なのです。

般若心経のラストに「ギャーテーギャーテーハラギャーテーハラソウギャーテー」という言葉が出てきます。その言葉自体に意味はないかもしれませんが、そう発することで不思議なパワーが出てくる言葉です。

「お金がなくなってきた。今月ピンチだな」と思ったとしましょう。

そこですかさず「そこがいいんじゃない！」と言えば、脳も「あれ、それもまたいいのかな。そうだね、それもおもしろいかもね」と、少しポジティブな気持ちになれるかもしれません。

「彼女にフラれた」

「仕事が上手くいかなかった」

「あの上司が嫌い」

どのようなケースでも、「そこがいいんじゃない！」と、本当はよくないかもしれないけど、そう唱えることで少しは楽になれるかもしれません。言葉を逆手にとって、逆境を跳ね返し、少しでも元気になるように仕向けるのです。

「そこが」と言った次の瞬間、「いいんじゃない！」と一気に肯定して、ダメを押すのです。

仏教も最終的には生きることを肯定していると思うので、そうした意味ではあながち間違った方法とは思いません。

その瞬間、邪念の入る余地はありません。「南無阿弥陀仏、南無阿弥陀仏」と唱える人の気持ちも少しは理解できるようになりました。

また同じように私は、「不安タスティック！」という言葉もお薦めします。不安というのは突然やって来ます。その瞬間、「不安タスティック！」と唱えれば、少しは楽になれるかもしれないと思って、実践するようにしているのです。

私の盟友で特殊漫画家の根本敬さんに、「でも、やるんだよ！」という名言があります。これも根本さんの「念仏」です。

どんなに辛い状況にあっても、「でも、やるんだよ！」と唱えることで、腹の底に力が入り、ことに臨むことができる。脳を「やるんだよ！」という言葉でもって洗脳していくのです。

ボブ・ディランの「どんな気がする？（How does it feel?）」というのも念仏のひとつかもしれません。アントニオ猪木の「元気ですか！」もそうかもしれません。猪木さんも大変なことを乗り越えられ、「元気があればなんでもできる」という悟りを得られたんだと思います。

いつも心に「マイ仏教」を！

このような「念仏戦法」は、人間が言葉に洗脳されている状況を逆手にとって、少しでもポジティブになる、という生きる知恵なのです。

ただもちろん、唱えればいいというものではありません。「そこがいいんじゃない！」と自分をやる気にさせておいて、そこからいかに行動に移すかが問われます。

自分を説得するのは、他人を説得するよりも難しいことです。

でも実は、笑うポイントも泣くポイントも、辛いことから立ち直るきっかけも、やる気を出すきっかけも、自分のツボは他人よりも自分自身が一番わかっているはずです。

よく「自分で自分がわからない」と嘆く人がいますが、そもそもわからないのが普通で、わかってしまうともっと落ち込むかもしれません。

「自分を見失う」という言葉もありますが、本当はその程度のものなのです。だからこそ、自分をしつけ直すのもまた自分なのです。

自分に説法をする「マイ住職」を、みなさんも心に住まわせてみてはどうでしょうか。

人に相談することを決して否定するわけではないですが、中には相手のことをわかったフリをして適当なことを言っているだけの人もいるかもしれません。

自分を信じることができなくなった人は、自分をしつけ直すところから始めてみればいい。

「人生は苦である」と悟ったお釈迦さんも、もしかしたらそう思った瞬間に、苦しみがいくらか薄れたのかもしれません。

ぜひみなさんも自分だけの「マイ仏教」を探して、もっと人生を楽しくおもしろくしてみてはいかがでしょうか。

グレイト余生。――あとがきに代えて

ポリシーなんて、言ってしまうとそれを守り続けなきゃダメな気になる。

考え方の集大成がポリシーということであれば、考え方もその時々で変化するように、その上に乗っかってアグラをかいてるポリシーってやつはもっとグラグラしてるんじゃないのかな。

若い頃は誰から聞いたのか忘れたけど、「自分を信じなさい」に、フリ回されてた気がする。

初めっから信じられる自分であれば何の迷いもなかったけれど、〝こんなオレを!?〟信じなきゃならないほど頼りないものはなかった。

それでも「自分の中に答えはある」なんて言われ、それなりに捜してみたけどそもそも生きることに答えなんてあるのか？

当時、よく聞いてた歌に井上陽水さんの「夢の中へ」があった。〝捜しものは何ですか？〟という出だしは今の自分に問われてるような気がして、僕は答えを捜したけれど結局、何を捜しているのかすらわからなかった。

きっと、〝女のコにモテるにはどうしたらいいのか？〟とか、何となく将来の不安とか、そういうこと。そんなものを悩みに入れていいのかと、あえて答えなかっただけかもしれない。それ以外に捜すと何ぁーんも見当らず結局、僕はこんな自分を信じられなかった。

だから問題を拡大して、〝生きるって何なんだ？〟〝人間って、何なんだ？〟で、悩もうとした。これまた当時流行っていた吉田拓郎さんの歌「人間なんて」では、答えは〝ラララーラララララーラ♬〟。

ボブ・ディランも「風に吹かれて」で、〝答えは風に舞っている〟と、はぐらかしてた。

そもそも答えがないことで悩もうとした自分が間違ってたんだということに気付いた。そんなことより今を大切に生きる方がどれだけ重要であるか。

それにはあまり自分を信じない方がいいんじゃないかと思った。

〝I DON'T BELIEVE ME!〟

と、黒地に白抜きの文字でTシャツにして、毎日着てた方がいいんじゃないか。

そもそも、因果応報の〝因〟を作っているのは自分であって、面倒臭いのは社会や他人じゃなく己れじゃないのか？

〝何故、女のコにモテたいのか〟

己れに問うと、今よりずっと楽しそうだからと言った。他人に自慢できて、憧れのセックスなんかもできるかもしれないとも言った。よく聞いてみると、それは〝恋愛〟ではなく、欲望であった。誰でも良かったんだ。僕を今よりもっと楽しくさせてくれるなら。

原因がそれだからいい結果など訪れるはずもない。

〝もう、モテなくてもいい〟と、自分に何度も言い聞かせてみた。〝もう、モテなくてもいい。もう、モテなくてもいい……〟、お経のように何度も何度も口に出して。

すると、脳の方が「諦めるには早過ぎるぜ」と、言ってきた。「ファッションを替えるとか、友達に紹介してもらうとか手はあるよ」とも言う。僕はもう恋愛がしたいわけじゃないということを明らかにし、「その正体は煩悩だ！」と、言い切った。

「楽しいのにな……」と、脳は捨てゼリフを吐いてそれ以降、要求をしてこなくなった。

それでも、たまに淋しくて、詞を書き、曲をつけ、ギターを弾いて、一人歌った。

高校卒業までに四百曲近く、オリジナル・ソングをカセットに吹き込んだのは脳との戦いの果て。いつも煩悩を疑い、自分であって、自分じゃない状況を無理矢理作り出すことが必要だったんだ。

〝自分を信じない〟と、声高に言ってみてもすぐに脳は自分を信じようとする。その方が脳にとって楽だからだ。楽はいかん。つまらないからだ。と、また言い聞かす。

僕は小学四年生の時、突如湧き起ったマイブーム〝仏像〟で、想像力を形にする魅力を知った。仏教的には〃教義を〃が正しいだろう。それはかつて僕の大好きだったウルトラマンや怪獣の造形に多大なる影響を与えていた。

本来なら釈尊の言うところの〃偶像崇拝〃に当るものかもしれないが、人は人型を模したものに魅せられる。それが異形の超人なら尚更。仏教が伝来した頃、多くの日本人はそれが何を意味するのかわからなかったに違いない。しかし、姿の見えない神が仏の姿を借りて現われたのだと言われると安心したのではないだろうか。神秘は恐れからくる。しかし、仏に恐れはない。仏はそもそも何もないんだからと言った。

たまたまいろんな要素が集り、今こうして目に見えているだけのことで、いずれそれはバラバラになる。無くなるわけではないとも言う。

僕はその〃空〃について考えてみた。当然、こんな僕にわかるはずもないが、ある日、駐車場の立て看板に「空あります」と、書かれているのに気付いた。「空なし」とも、ある。そんな仏教の教義が街中いっぱい書かれてあるなんて、と思った瞬間、僕は般若心経に書かれている文字、一つ一つを街の看板で見つけ写真に収める修行をすることにした。「アウトドア般若心経」って、呼んでたやつである。

その頃、僕は僕が〝因〟で他人を深く傷付ける〝果〟を起し、ひどく落ち込んでいた。いや、それも後に気付いた大きな間違いであって、他人をひどく落ち込ませたのではないかとビクビクしていたのに過ぎない。

街の看板文字は当然、般若心経を意識したものでなく〝般〟であれば「一般車輌」の中の一文字。〝若〟は「ちゃんこダイニング若」といった具合。それをタイトル入れて二百七十八文字。日本各地で捜し歩いた。〝何のために？〟、またも脳は何度も答えを要求してきたが、僕はできる限り考えないようにした。写経することに意味を求めてはならない。ただ無欲無心で集中することが大切なのだ。その行為は〝自分なくし〟と、言っていいだろう。

写経といってもこちらは写真経。五年くらいかかってやっと「アウトドア般若心経」は完成した。それぞれ違う意味を持って使われている漢字を床の上、般若心経通り並べてみる。そして読経してみる。それはそれらしく見えて、それらしく読めた。しかし、それは仮の姿。またバラバラにしてみると単なる看板文字に戻る。有るんだけど無い。無いんだけど有る……。

ついつい信じてしまいがちな自分も、いろんな要素や縁がたまたま重なって存在しているように思えてきた。だから今、生きているというチャンスは二度と来ないのだから大切にしなくてはいけない。

人は生まれた瞬間から余生のカウントダウンが始まる。それが始まるのは、何も歳を取った人間だけのことではない。それを悲しいと取るのも、終りがあるから生きていられると考えるのも人それぞれ。僕は余生に〝グレイト〟を付け、「グレイト余生」と呼ぶことにした。そうするとたいしたことない僕の人生も〝そこがいいんじゃない！〟って、光り輝いてみえた。

本書は、「グレイト余生。――あとがきに代えて」（「考える人」二〇一一年春号）を除き、書き下ろしです。

みうらじゅん　1958(昭和33)年京都府生まれ。イラストレーターなど。武蔵野美術大学在学中に漫画家デビュー。97年「マイブーム」で新語・流行語大賞を受賞。著書に『見仏記』(いとうせいこう氏との共著)『アウトドア般若心経』など。

Ⓢ新潮新書

421

マイ仏教《ぶっきょう》

著　者　みうらじゅん

2011年 5 月20日　発行
2025年 6 月10日　24刷

発行者　佐　藤　隆　信
発行所　株式会社新潮社
〒162-8711　東京都新宿区矢来町71番地
編集部(03)3266-5430　読者係(03)3266-5111
http://www.shinchosha.co.jp

印刷所　株式会社光邦
製本所　加藤製本株式会社

ISBN978-4-10-610421-3 C0215

価格はカバーに表示してあります。